클릭만으로 만드는
나만의 웹툰

투닝

지은이 스마트플립러닝연구회 조원정

펴낸이 박찬규 엮은이 윤가희, 전이주 디자인 북누리 표지디자인 Arowa & Arowana

펴낸곳 위키북스 전화 031-955-3658, 3659 팩스 031-955-3660
주소 경기도 파주시 문발로 115, 311호 (파주출판도시, 세종출판벤처타운)

가격 20,000 페이지 200 책규격 188 x 240mm

전자책 발행 2022년 06월 28일
ISBN 979-11-5839-330-4 (13000)

등록번호 제406-2006-000036호 등록일자 2006년 05월 19일
홈페이지 wikibook.co.kr 전자우편 wikibook@wikibook.co.kr

툰닝
클릭 만으로 만드는
나만의 웹툰

스마트플립러닝연구회 조원정 지음

위키북스

어린 시절 동네마다 있는 만화 가게에는 많은 어린아이들이 손에 침을 묻혀가며 만화 책을 읽었던 기억이 있습니다. 그 시절 만화책은 어린아이들에게 상상의 세계 속에서 꿈을 키울 수 있게 한 매체였습니다. 우리에게 친숙한 그림과 생생한 대화를 통해 세상의 이야기를 접했던 것입니다. 세월이 흘러 2005년경부터 각종 포털 사이트에 디지털 만화, 즉 웹툰이 등장하여 청소년뿐 아니라 어른들도 상상의 세계, 동심의 세계로 다시 한번 빠져들게 되었습니다.

웹툰은 문자 매체의 막연한 의미를 친숙한 캐릭터로 시각화하여 메시지를 쉽고 생생하게 전달할 수 있습니다. 이를 교육에 접목한다면 학생들에게 생동감 있는 교육 활동을 전개할 수 있을 것입니다. 하지만 일반 교사들이 스토리보드를 작성하고, 캐릭터를 창작한 후에 배경을 만들고, 교육내용을 전개하기에는 너무 많은 현실적 어려움이 있습니다. 하지만 다양한 클라우드 플랫폼 서비스의 개발에 힘입어 교사들이 웹툰 작가와 같은 전문성을 갖추지 않았더라도 더 쉽게 교육에 접목할 수 있는 콘텐츠 저작도구인 투닝(tooning)이 개발되었고 스마트 플립러닝 연구회에서 교사들이 이 서비스를 더욱 쉽고, 유용하게 교육적 목적에 활용하여 사용할 수 있도록 쉽게 풀어 안내한 책 '투닝, 클릭만으로 만드는 나만의 웹툰'을 출간하였습니다. 많은 교사가 이 책을 통하여 교육용 웹툰 콘텐츠 제작에 어렵지 않게 접근하여 이를 교육 활동에 적용한다면 한 차원 더 높은 교육이 될 수 있을 것으로 생각됩니다.

그동안 많은 노고를 아끼지 않은 스마트 플립러닝 연구회에 경의를 표하면서 연구회의 노력이 교육현장에 널리 퍼지기를 기대해 봅니다.

백안영, 前 문산고등학교 교장

이야기와 그림으로 펼쳐지는 새로운 세상이 웹툰이 인도하는 상상의 세계라고 한다면 인공지능은 무한한 가능성을 열어주는 기술의 세계라고 할 수 있습니다. '투닝, 클릭만으로 만드는 나만의 웹툰' 이 책은 인공지능 기술을 탑재한 투닝(tooning) 서비스를 활용하여 클릭만으로도 웹툰을 제작할 수 있는 멋진 경험을 여러분에게 제공할 것입니다.

오현주, 광남고등학교 교감

교사가 수업에서 다양한 기술과 미디어를 활용하는 것은 이제 일상이 되었습니다. 이 책에 소개된 AI 웹툰 제작 플랫폼 투닝(tooning)은 사용자가 콘텐츠 리소스를 클릭하여 선택하는 것만으로도 손쉽게 다양한 웹툰형 콘텐츠를 제작할 수 있습니다. 또한, 이 서비스는 디지털 네이티브(Digital Natives)인 학생들의 학습 동기, 흥미 및 창의성을 키우는 데 활용이 무궁무진하여 내용 학습과 과제 중심 학습에도 바로 접목할 수 있다는 장점이 있습니다. 초보자가 투닝을 쉽게 따라 할 수 있도록 친절하고 자세하게 안내하고 있는 이 책은 투닝과 함께 사용할 수 있는 다른 온라인 플랫폼을 소개할 뿐만 아니라 실제 현장 수업에서의 적용 사례까지 포함하고 있습니다. 이 책을 통해 투닝을 실제 수업에 적용하여 학생들에게 즐겁고 창의적인 경험을 제공할 수 있기를 바랍니다.

이상민, 경희대학교 글로벌커뮤니케이션 학부 및 교육대학원 교수

AI 웹툰 플랫폼 투닝(tooning)을 통해 그림을 전혀 그리지 못하는 사람도 자신이 원하는 이야기를 만화로 만들 수 있는 세상이 왔습니다. 내 얼굴 사진을 찍으면 닮은꼴 생성 인공지능이 나를 닮은 캐릭터 아바타를 만들어 주고, 글을 적으면 자동 창작 인공지능이 순식간에 한 컷의 웹툰 장면을 연출해줍니다. 투닝에서는 마우스 클릭만으로도 쉽고 간편하게 직접 웹툰을 만들 수 있습니다. 복잡한 과정이나 어려운 프로그램을 다뤄야 하는 배움의 노력 없이도, 이제는 누구나 웹툰 크리에이터(Creator)가 될 수 있는 시대가 온 것입니다. '당신의 이야기를 통해 세상이 바뀝니다.'라는 투닝의 비전처럼, 여러분의 이야기가 투닝을 통해 더 넓은 세상에 전해지기를 바랍니다.

이성식, SADI(삼성디자인교육원) 교수, 전 삼성전자 상무

'웹툰 창작, 어떻게 시작해야 할까요?'

최근 남녀노소 할 것 없이 웹툰에 대한 인기가 많아지면서 웹툰 창작에 관한 관심도 부쩍 높아졌습니다. 물론, 그림을 잘 그리는 사람은 멋진 캐릭터를 직접 그려가며 전문 프로그램으로 웹툰 한 편을 만드는 게 어렵지 않을 수 있겠지만, 저같이 평범한 사람에게 웹툰은 감히 도전하기 어려운 영역입니다. 그런 의미에서 AI 웹툰 창작 플랫폼, 투닝(tooning)은 매우 혁신적인 서비스라고 말할 수 있습니다. 전공자만 구사할 수 있는 조형 능력이나 캐릭터 창작 등의 전문성이 없어도 투닝을 통해 짧은 시간 안에 완성도 있는 웹툰을 직접 만들 수 있기 때문입니다. 웹툰을 좋아하고 창작을 원하는 분에게 한 치의 망설임 없이 이 책과 투닝 서비스를 추천합니다.

윤종영, AI 센터장, 국민대 교수

본문 내용을 시작하기에 앞서 이 책의 도서 홈페이지 및 책과 함께 살펴보면 좋을 동영상 자료에 대해 알아보겠습니다.

도서 홈페이지

이 책의 홈페이지 URL은 다음과 같습니다.

- **책 홈페이지**: https://wikibook.co.kr/tooning

동영상 자료

투닝 회원가입부터 웹툰 제작에 필요한 기본 기능 사용법, 투닝 수업 적용 사례까지 스마트 플립러닝 연구회 유튜브(YouTube) 채널에서 동영상 자료로 볼 수 있습니다.

- **스마트 플립러닝 연구회 유튜브 채널**: https://www.youtube.com/c/스마트플립러닝연구회

재생 목록을 클릭한 다음 '투닝(tooning.io): AI 웹툰 제작 툴'을 선택하면 투닝과 관련된 동영상 자료를 확인할 수 있습니다.

동영상 자료 (QR 코드)

- 투닝 동영상 재생목록 QR 코드

- 교육용 캔바 신청 방법 동영상 QR 코드

- 투닝으로 영어 단어 배우기 영상 자료 QR 코드

- 투닝 AI를 활용한 나의 직업 소개툰 만들기 영상 자료 QR 코드

▪ 투닝 템플릿을 활용한 환경보호 카드뉴스 만들기 영상 자료 QR 코드

이 책에서 사용한 프로그램

이 책에서는 투닝을 이용해 실습을 진행했습니다. 투닝 웹 사이트에 접속하는 방법은
이 책의 PART 02 투닝 둘러보기에서 자세히 다룹니다.

구매자 특전

도서 구매 후 책 앞 표지를 사진으로 찍어서 투닝 고객센터 이메일(support@tooning.
io)로 보내주시는 모든 분께 투닝 프로(Pro) 무료 이용권(1개월)을 드립니다.

편집 서시

본문

투닝은 PC와 모바일 기기 모두 '크롬' 브라우저를 이용해 투닝 웹사이트에 접속하는 방법으로 이용할 수 있습니다. 모바일 앱은 2021년 12월 기준 안드로이드 플레이 스토어(Play Store)에서만 이용 가능합니다. 따라서 이 책에서는 웹사이트를 기준으로 투닝의 사용 방법을 알아보겠습니다.

본문 (실습)

01. 투닝 메인화면 우측 상단에 있는 [로그인/가입]을 클릭합니다.

02. 카카오톡 계정, 구글 계정, 페이스북 계정과 연동하여 가입할 수 있습니다. 원하는 소셜 계정 한 가지를 클릭하고, 계정 정보를 입력하여 투닝에 가입합니다.

팁

본문 내용과 관련해서 알아둘 만한 내용을 나타냅니다.

> **Tip**
>
> 투닝 웹사이트를 북마크에 저장하세요.
>
> 크롬 브라우저 주소창 옆 별 모양 아이콘 '☆'을 클릭하고, [북마크 추가]를 선택하여 투닝 웹사이트를 북마크에 추가해 두면, 주소창 아래 북마크바에서 투닝을 클릭하여 편리하게 접속할 수 있습니다.
>
>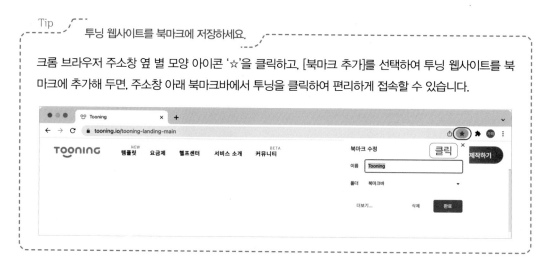

투닝
(tooning)

투닝(tooning)이란 무엇인가?

투닝은 인공지능(AI)기술로 다양한 웹툰형 콘텐츠를 온라인에서 누구나 쉽고 빠르게 제작할 수 있는 클라우드 기반의 웹 애플리케이션 서비스입니다. 투닝(tooning)을 이용하면 누구나 손쉽게 클릭만으로 원하는 캐릭터와 배경을 선택하여 웹툰형 콘텐츠를 만들 수 있을 뿐만 아니라 투닝 특허 기술인 텍스트 투 툰(Text to Toon)을 이용하면 사용자가 작업 페이지에 입력한 텍스트 내용을 투닝 AI가 분석하여 캐릭터의 내용에 적합한 표정이나 동작, 그리고 배경을 반영한 웹툰을 자동으로 생성해 줍니다. 투닝은 카카오톡이나 구글 계정, 또는 페이스북 계정과 연동하여 누구나 무료로 가입하여 이용할 수 있지만, 다양한 캐릭터와 배경 및 소품을 자유롭게 워터마크 없이 사용하려면 유료인 투닝 프로(Pro) 버전을 구입해야 합니다. 단, 초·중·고 교사의 경우 투닝 교육용 계정을 신청하면 무료로 투닝 프로 버전의 다양한 서비스를 1년간 사용할 수 있습니다. 투닝은 온라인 웹툰 제작뿐만이 아니라 수업용 프레젠테이션 자료를 만들 수 있는 교과목별 스토리텔링 템플릿도 제공하고 있습니다.

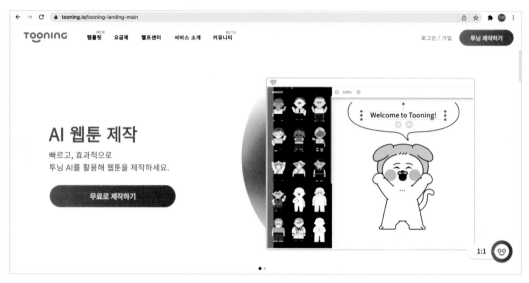

그림 1-1 투닝 웹사이트

1.2 ▷ 투닝의 특징과 장점

첫째, 누구나 빠르고 손쉽게 웹툰 제작

웹툰 한 컷을 그리기 위해 작가는 장면마다 스토리 구상부터 시작하여 캐릭터 스케치, 배경, 채색 및 말풍선 작업까지 많은 노력과 시간을 쏟아부어야 합니다. 따라서 캐릭터와 배경을 구성해 나갈 수 있는 그림 실력이 전혀 없는 일반인이 웹툰형 콘텐츠 제작을 시도해 보기는 여간 어려운 것이 아닙니다. 그러나 투닝 플랫폼에서는 스토리만 있다면 그림 실력이 전혀 없어도 누구나 캐릭터, 요소 및 배경을 클릭하는 것만으로 완성형 웹툰을 제작할 수 있습니다.

둘째, 웹툰형 스토리텔링 콘텐츠 제작에 필요한 다양한 리소스 제공

투닝은 개성적이고 매력적인 캐릭터를 다수 보유하고 있을 뿐만 아니라 스토리 전개에 필요한 다채로운 배경과 소품 및 효과(Effect) 등의 웹툰 리소스(Webtoon Resources)를 가지고 있습니다. 텍스트 메뉴에는 인물의 일상 행동이나 상태를 나타내는 효과음과 사물의 소리를 표현하는 텍스트 리소스를 제공하고 있고, 요소 메뉴에는 상황 설정과 스토리 디테일 전개에 필요한 수천 개의 일상 소품이 카테고리별로 분류되어 있습니다. 또한 인물의 새로운 등장이나 액션을 돋보이게

할 수 있는 긍정 및 부정 효과, 집중선 및 반응 효과와 판타지나 액션 웹툰에서 사용할 수 있는 물, 불, 바람, 전기 효과 리소스도 제공하고 있습니다.

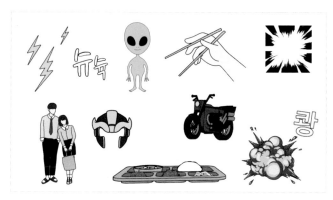

그림 1-2 투닝에서 제공하는 다양한 웹툰 리소스

셋째, 교과목별 교육용 템플릿 및 업무용 서식 제공

투닝은 교사를 위한 교과목별 교육용 템플릿을 별도로 제공하고 있습니다. 국어, 도덕, 사회, 역사, 수학, 과학, 자연, 미술, 음악, 체육, 영어, 언어, AI 교육 등 교과목 템플릿을 선택한 후 텍스트를 원하는 내용으로 변경해서 입력만 하면 바로 수업에 사용할 수 있습니다. 또한 학급 운영이나 학교 업무에 필요한 시간표, 자리 배치표, 상장, 행사 포스터, 알림장 등의 각종 업무용 서식도 투닝에서 제작하여 활용할 수 있습니다.

그림 1-3 역사교과 교육용 웹툰 템플릿

1.3 투닝 회사 및 개발자 소개

툰스퀘어(Toonsquare)의 역사

인공지능(Artificial Intelligence, AI) 기술로 웹툰을 만들 수 있는 온라인 플랫폼 서비스, 투닝 (tooning)을 제공하는 (주)툰스퀘어(Toonsquare)는 2017년 삼성전자 사내벤처 프로젝트 씨랩 (C-Lab)을 통해 만나게 된 이호영, 김규철, 최호섭 3인에 의해 시작된 스타트업 기업입니다.

툰스퀘어(Toonsquare)라는 현재의 기업명은 영어단어 'Cartoon'의 'Toon'과 광장, 정사각형, 또는 칸이라는 뜻의 영어 'Square'의 합성어로, 우리가 살면서 듣고, 쓰고, 말하는 수많은 개인의 이야기가 네모 칸 속 재미있는 웹툰으로 손쉽게 표현되어 소통하는 세상을 꿈꿨던 창립 멤버들의 포부를 담은 이름입니다.

툰스퀘어가 설립되기 전, 이호영 대표이사는 삼성전자에서 UX 디자이너[1]로 9년이라는 짧지 않은 시간을 보냈습니다. 이호영 대표는 어린 시절부터 종이 만화책을 보고 자란 세대로서 만화가가 되고 싶다는 꿈을 품었고 이는 성인이 되어서도 웹툰에 대한 흥미와 관심으로 이어져 삼성전자에 재직 중일 때에도 웹툰 작가로 도전해보았을 정도로 웹툰창작과 디자인 콘텐츠 제작에 대한 열정이 많았습니다. 이호영 대표는 시간을 쪼개어 경험해보았던 웹툰 작화 작업을 통해 웹툰창작이 많은 시간과 노동력뿐만 아니라 숙련된 드로잉 실력과 이야기 구성 능력, 장면 이미지 연출 능력 등 여러 방면에서 고도의 전문성과 많은 자본이 필요한 일임을 깨닫게 됩니다.

이러한 웹툰창작에 대한 고민과 경험은 이후에 김규철 운영이사, 최호섭 기술이사를 비롯한 삼성전자 내 인공지능(AI) 전문인들과의 만남을 통해 툰스퀘어의 핵심기술 중 하나인 글(text)을 그림 (image)으로 바꾸어주는 AI 기술 개발에 많은 통찰과 영감을 주는 계기가 되었습니다. 고된 웹툰 제작과정이 인공지능 기술의 도움으로 간소화 될 수 있다면 웹툰 창작 공정에 있어 새로운 장이 펼쳐질 수 있을 것이라는 가설을 바탕으로, 그림에 소질이 없는 사람도 아이디어와 스토리 구성 능력만 있으면 웹툰을 쉽고 빠르게 제작할 수 있는 기술 개발에 돌입하게 됩니다. 2019년 11월 21일, 수많은 시도와 노력 끝에 AI 스타트업 기업 툰스퀘어(Toonsquare) 법인이 설립되었습니다.

---

1 UX(User eXperience) 디자이너는 사용자 경험을 토대로 사용자에게 감동 및 가치를 제공하는 서비스나 웹사이트를 디자인 하는 사람

툰스퀘어 주요 연혁

(주)툰스퀘어는 인공지능 기술 및 솔루션 기업으로 글(text)을 웹툰형 그림(image)으로 변환시켜 주는 텍스트 투 툰(Text To Toon) 자동창작 기술을 바탕으로 개인의 디지털 콘텐츠 창작활동을 돕는 다양한 콘텐츠 서비스를 개발하고 있습니다. 투닝 서비스를 제공하는 툰스퀘어의 주요 연혁은 다음과 같습니다.

- **2017년**

  04 삼성전자 사내 프로젝트팀 툰스퀘어(Toonsquare) 결성

  06 삼성전자 C-Lab 선정, 팀 내 AI 서비스 부문 1위

- **2018년**

  03 미국 사우스 바이 사우스웨스트(SXSW) 트레이드 쇼 전시 참여

  09 AI 자동 웹툰 창작 앱 잇셀프(Itself) 애플리케이션 출시

- **2019년**

  10 삼성전자 스핀오프(Spin-off) 기업 선정

  11 툰스퀘어(Toonsquare) 법인 설립

- **2020년**

  02 삼성벤처투자 씨드(Seed) 유치

  03 대한민국 벤처기업 인증

  11 콘텐츠 창작 서비스 투닝(Tooning) 출시

- **2021년**

  03 국제인공지능 대전(AI-EXPO) 전시 참여 및 기술 시연회 개최

  06 프리 에이(Pre-A) 투자 유치

  10 프랑스 스테이션 F 입주 및 투닝 프랑스 론칭(Open beta)

     투닝 미국, 캐나다, 일본 론칭(Close beta)

  12 서울 일러스트레이션 페어(SIF) 기업형 전시 참여

- 2022년

    01 투닝 미국, 캐나다, 일본 론칭(Open beta)

       미국 CES 2022 기업 참여 및 투닝 시연회 개최

툰스퀘어 공동 창립자

그림 1-4 툰스퀘어 공동 창립자 (왼쪽부터 김규철 운영이사, 이호영 대표이사, 최호섭 기술이사)

이호영 대표이사(CEO)

- 삼성전자 인공지능(AI) 전략기획, UX 디자인 재직 9년(2010~2019)

- AI 웹툰 창작앱 잇셀프(Itself) 및 AI 웹툰 플랫폼 투닝(Tooning) 서비스 개발 총괄

- 삼성 갤럭시 End effect, Layout change method 등 글로벌 특허 출원 100건 이상

- 삼성 디자인 멤버십(Samsung Design Membership) 회원

김규철 운영이사(COO)

- 삼성전자 인공지능(AI) 전략기획, UX 디자인 재직 8년(2011~2019)

- AI 웹툰 창작앱 잇셀프(Itself) 및 AI 웹툰 플랫폼 투닝(Tooning) 서비스 기획 · 개발

- AI 학습구조 UI 설계, 서비스 풀스택 개발

- 삼성 갤럭시 Edge Light 등 글로벌 특허 출원 60건 이상, 사업수행 경험 다수
- 삼성 소프트웨어 멤버십(Samsung Design Membership) 회원

최호섭 기술이사(CTO)
- 삼성전자 인공지능(AI) 개발 실무 책임자 재직 8년(2011~2019)
- AI 웹툰 창작앱 잇셀프(Itself) 및 AI 웹툰 플랫폼 투닝(Tooning) 서비스 개발 책임
- AI 학습구조 개발 파이프라인 설계, 서비스 풀스택 개발
- 삼성 소프트웨어 멤버십(Samsung Design Membership) 회원

투닝 AI 기술 개발 과정

툰스퀘어가 보유하고 있는 핵심 인공지능 기술로는 AI 자동창작 기술이 있습니다. 이는 자연어 처리(NLP) 기술을 활용해 인공지능이 사람의 언어(Text)를 인지하고 이해하는 과정에서 글(text)에서 추출된 형태소와 개체를 이미지 재료(Resource)로 연결하는 매칭(Matching) 작업을 통해 콘텐츠 결과물이 도출되는 과정을 의미합니다. 이러한 자연어 처리 기술의 대표로는 텍스트 투 툰(Text To Toon, TTT) AI 기술이 있습니다. 텍스트 투 툰 설계는 툰스퀘어가 독자적으로 구축한 구조로 국내 및 해외 특허를 출원하였습니다. 툰스퀘어의 텍스트 투 툰(Text To Toon, TTT) AI 기술은 23,000여 개의 문장 데이터를 기반으로 제작되었으며 시범 사용을 원하는 사용자는 투닝(support@tooning.io)으로 요청하면 오픈 API[2] 서비스를 경험해볼 수 있습니다.

툰스퀘어의 텍스트 투 툰(Text To Toon, TTT) AI 기술은 한마디로 사용자로부터 입력받은 문장(글)이 내포하는 의미를 파악해 알맞은 이미지를 연출해주는 인공지능(AI) 기술입니다. 이는 사용자의 감성과 관련된 글(text) 정보를 자동으로 추출하는 텍스트 마이닝(Text Mining)의 영역으로 글(text)에서 감정을 추출하는 기술을 통해 인공지능이 사용자의 글이 내포하고 있는 구체적인 감정을 판별하고 분석할 수 있습니다. 텍스트 투 툰(Text To Toon, TTT) AI의 문장 분석은 미국의 심리학자 폴 에크먼(Paul Ekman)[3] 박사가 분류한 6가지 기본 감정 분류에 감정이 없는 상태(무표정)가 포함된 7가지 기본 감정 체계 안에서 분류되며, 감정의 깊이는 백분율을 통하여 단계 파악이 이루어집니다. 감성 분석(Sentiment Analysis)은 텍스트에 포함된 감성의 극성을 알아내는 기

---

2 API(Application Programming Interface)는 인터페이스를 빌드하거나 사용하는 방법을 기술하는 문서나 표준
3 폴 에크먼(Paul Ekman) 박사는 인간의 기본 감정을 기쁨, 공포, 혐오, 분노, 놀람, 슬픔 총 6가지로 분류

술로, 텍스트에 나타난 사람들의 태도, 의견, 성향과 같은 주관적인 데이터를 분석하는 자연어 처리(NLP)' 기술을 뜻합니다. 툰스퀘어의 감성 분석 개발 과정은 다음과 같습니다.

1단계: 데이터 준비 작업 단계

첫 단계에 해당하는 데이터 준비 작업 단계는 텍스트 투 툰(Text To Toon, TTT) AI의 AI 모델 훈련에 필요한 문장 데이터를 수집하고 필요에 따라 데이터를 정제하는 데이터 수집(Data Collection) 및 데이터 전처리(Data Preprocessing) 단계입니다. 이 과정은 데이터를 기반으로 학습하는 인공지능의 성능 향상에 큰 영향을 미치는 단계 중 하나로, 수집된 데이터의 질이 높고 양이 많을수록 인공지능의 성능이 향상됩니다. 툰스퀘어는 감성 분석 기술을 적용할 데이터를 수집하기 위한 용도로 최대한 많은 양의 데이터를 모으기 위하여 국내 인공지능 유관 기관에서 제공받을 수 있는 자연어 데이터 및 자막 데이터를 비롯해 기타 공개된 문장 데이터(말뭉치) 등 여러 가지 방법으로 데이터 소스를 수집합니다. 데이터 전처리 과정은 인공지능을 학습시키기 전에 수집이 끝난 데이터의 질을 높여주는 과정입니다. 텍스트 투 툰(Text To Toon, TTT) AI 학습에 사용할 문장 데이터의 경우, 질이 낮은 데이터[4]를 삭제하는 기본 작업 정리 후에 정의된 클래스(Class)에 맞추어 레이블링(Labeling) 작업을 하는 과정을 수행합니다. 예를 들어, '오늘 날씨가 너무 좋아서 기분이 좋다.' 라는 텍스트는 기쁨(Happy)의 레이블링(Labeling) 작업이 됩니다. 레이블링(Labeling) 작업이 완료된 문장은 데이터베이스(DB)에 저장하여 AI 학습에 사용합니다.

2단계: AI 모델링 단계

AI 모델링 단계에서는 기존에 정의된 클래스(Class)에 맞추어 코버트(KoBERT)[5] 기반의 AI 모델을 개발하는 작업을 수행합니다. 툰스퀘어는 이 단계에서 지속가능한 AI 모델 업데이트를 위하여 기계학습 운영화(Machine Learning Operations, MLOps) 시스템 및 데이터 버전 컨트롤(Data Version Control, DVC)을 이용한 관리 시스템을 구축하였습니다.

---

4   '어ㄴㅓ됀ㄹㅇ' 와 같은 아무 의미가 없는 문장
5   한국전자통신연구원(ETRI)의 엑소브레인 사업에서 개발한 구글의 BERT를 기반으로 한국어에 최적화시킨 자연어 처리 모델

3단계: AI 시뮬레이션 및 테스트 단계

학습이 끝난 AI는 평가 모드로 전환하여 성능을 테스트 받는 단계를 수행합니다. 학습 이후 얼마나 정확도가 높은지 테스트하기 위해 학습에 사용되지 않은 레이블링(Labeling) 데이터를 사용해 추론 예측 정확도를 확인합니다. 성능이 기대치 보다 낮을 경우 재훈련을 위해 2단계로 다시 돌아가고 기대치보다 높을 경우 시뮬레이션 단계로 다시 넘어갑니다. 시뮬레이션 과정은 AI가 투닝 서비스에 오류 없이 적용됐는지 확인하기 위한 과정으로 다양한 테스트를 통해 오류를 확인합니다.

4단계: 배포 단계

툰스퀘어는 지속 가능한 AI를 위해 추론 핸들러(Handler), 모델(Model), 보조(Auxiliary) 데이터를 보관(Archive)하여 그래픽 처리장치(GPU) 머신에 기계학습 운영화(MLOps)를 사용하여 배포할 수 있도록 파이프라인(Pipeline)을 구축하였습니다. 이 과정을 통해 인공지능이 자동으로 학습을 진행하고 테스트를 하며 배포 단계를 진행합니다.

위에서 설명한 투닝 텍스트 투 툰(Text To Toon, TTT) AI 기술 4단계를 거친 인공지능은 아래처럼 구현되어 사용자가 텍스트만 입력해도 배경과 캐릭터의 표정이 자동으로 바뀌게 되어 누구나 쉽고 빠르게 웹툰을 창작할 수 있습니다.

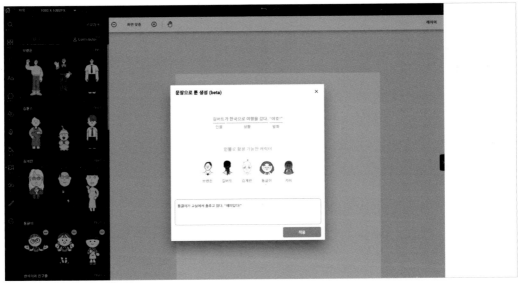

그림 1-5 웹툰 컷 내용 문장으로 쓰기

[동글이가 교실에서 춤추고 있다. "재미있다!"]를 텍스트 창에 입력하고 적용을 누릅니다. 이때 문장의 주어는 캐릭터 이름으로 쓰고 배경을 지정한 후 감정 표현의 단어는 따옴표 안에 넣습니다. 문장이 완성되면 [적용] 버튼을 누릅니다. 그러면 투닝의 텍스트 투 툰 (Text To Toon, TTT) AI 기술이 동글이 캐릭터를 선택하고 '교실'과 '재미있다'라는 말에서 감정과 배경을 자동으로 선택하여 바로 아래 그림과 같은 웹툰 컷을 순식간에 생성합니다.

그림 1-6 투닝의 텍스트 투 툰 AI 기술로 생성된 웹툰 컷

1.4 투닝(tooning) 캐릭터

투닝은 투닝(Tooning) 캐릭터와 작가(Contributor)[6] 캐릭터 두 가지 종류의 캐릭터를 제공하고 있습니다. 무료 계정의 경우 브랜든, 김툰스, 김계란, 동글이 투닝(Tooning) 캐릭터는 워터마크 없이 사용할 수 있지만, 그 외의 캐릭터들을 사용하면 캐릭터 위에 투닝 로고 워터마크가 생깁니

---

6   여기에서 영어 contributor의 의미는 웹툰 리소스 제공 플랫폼에서 캐릭터, 배경, 이미지, 요소 등의 리소스(Resources)를 공급하는 사람을 의미합니다.

다. 투닝 프로(Pro) 계정일 경우 투닝(Tooning) 캐릭터에 있는 모든 캐릭터를 워터마크 없이 사용할 수 있지만, 작가(Contributor) 캐릭터에 있는 캐릭터 세트를 작업 페이지에 사용하려면 작가 캐릭터 이용권인 '냥이'를 추가로 구매하여야 합니다.

그림 1-7 투닝(Tooning) 캐릭터와 작가(Contributor) 캐릭터

투닝(Tooning) 캐릭터

투닝 프로(Pro) 버전에서 사용할 수 있는 기본 캐릭터는 총 17개[7]이며 각 대표 캐릭터는 성별, 연령별, 직업별, 의상별로 구분되는 20개 내외의 서브 캐릭터를 가지고 있습니다. 각 캐릭터의 이름과 특징, 캐릭터별 개성과 매력 포인트는 아래 이미지와 세부 설명에서 확인할 수 있습니다. 투닝 기본 캐릭터는 주기적으로 추가 업데이트 되며 스토리 전개와 개인별 취향에 따라 다양한 투닝 캐릭터를 조합하여 나만의 독창적인 웹툰을 만들 수 있습니다.

브랜든

브랜든 캐릭터는 얼굴 크기와 비교해 팔다리와 몸통, 손과 발이 굵은 것이 특징입니다. 이 캐릭터는 투닝 작업 화면 한 페이지를 거의 다 채울 만큼 다른 캐릭터들에 비해 기본 사이즈가 크고 긴 편입니다. 또한 브랜든에 포함되어 있는 모든 캐릭터의 기본 아웃라인(Outline)이 푸른색 선으로 마무리되어 큼직큼직하고 시원한 디자인의 멋을 보여주고 있습니다. 브랜든 캐릭터에는 교사, 학생, 의사, 경찰관, 화가 등 각종 직업 관련 서브 캐릭터가 다수 포함되어 있으므로 행사용 홍보 포스터나 안내문, 교육용 교과 콘텐츠를 제작할 때 이용하기 좋습니다.

그림 1-8 브랜든 캐릭터

김툰스

김툰스 캐릭터는 그 이름에서도 알 수 있듯이 투닝을 대표하는 캐릭터입니다. 일상 생활에서 흔히 볼 수 있는 여러 인물들의 모습을 과장 없이 묘사하여 반영한 김툰스 캐릭터는 평범하지만 웹툰 콘텐츠 제작 시 가장 자주 사용할 수 있다는 장점이 있습니다. 김툰스는 일상에서 소소하게 느끼는 행복한 경험을 묘사하는 일상툰이나 생활툰에 적합하며 웹툰 스타일의 나만의 개성적인 캐릭터를 만들 때에도 부담없이 선택할 수 있습니다.

그림 1-9 김툰스 캐릭터

김계란

이 캐릭터는 둥글고 긴 타원형의 얼굴이 마치 계란 모양과 흡사하여 김계란으로 불립니다. 얼굴 크기가 전체 캐릭터 신장의 거의 반 정도를 차지하는 2등신 대두형 캐릭터로 깜찍하고 귀여운 인물을 표현하는데 제격입니다. 김계란은 두 가지 독특한 서브 캐릭터를 포함하고 있는데 꽃모양의 헤어스타일을 가진 꽃계란 캐릭터와 노란색 전신 쫄쫄이 의상을 입고 있는 쫄계란이 있습

그림 1-10 김계란 캐릭터

니다. 심플하고 경쾌한 선과 면처리를 바탕으로 한 코믹한 김계란 캐릭터는 유아나 초등학생 연령대의 웹툰 콘텐츠를 제작할 때 사용하면 좋습니다.

동글이

유아를 포함해 어린이들 사이에 인기 있을 모습의 캐릭터인 동글이는 말 그대로 얼굴이 동그란 원형 도형으로 되어 있습니다. 동글이는 개와 고양이 얼굴을 가진 의인화된 동물 서브 캐릭터가 있는 것이 특징이며 캐릭터의 손이 엄지손가락을 제외하고는 손가락의 구분이 없는 벙어리 장갑 형태로 되어 있습니다. 동글이는 브랜든 캐릭터처럼 시원하고 청량한 느낌을 주는 푸른색

그림 1-11 동글이 캐릭터

으로 캐릭터의 테두리를 설정하였습니다. 또한 거의 대부분의 메인과 서브 캐릭터가 반팔 상의와 짧은 반바지를 입고 있어 사계절 중 여름 관련 일러스트나 웹툰 콘텐츠를 만들 때 사용하면 좋습니다.

반석이와 친구들

반석이와 친구들은 전체적인 얼굴과 몸통이 넓적하고 위에서 눌린 듯한 형태를 띠는 다소 뚱뚱한 체형의 캐릭터입니다. 반석(盤石)이라는 한자의 뜻인 넓고 평평한 큰 돌처럼 반석이와 친구들 메인과 서브 캐릭터 모두 널찍한 가로 타원형의 큰 돌을 몸통 위에 올려놓은 듯한 형상을 띠고 있습니다. 진지한 눈동자와 눈썹 그리고 다부진 입 모양이 만들어 내는 반석이 캐릭터의 표정

그림 1-12 반석이와 친구들 캐릭터

은 외면상으로는 진지하고 심각해 보이지만, 전체적으로 풍기는 캐릭터의 인상은 코믹하고 귀엽습니다. 반석이와 친구들 캐릭터는 웹툰 스토리 전개상 본의 아니게 사람들에게 기대하지 않았던 웃음을 주는 독특한 엄·근·진(엄격·근엄·진지) 캐릭터가 필요할 때 사용하면 좋습니다.

세라와 세바스찬

세라와 세바스찬의 메인과 서브 캐릭터는 모두 8등신의 비현실적인 몸매와 완벽한 미모의 슬림한 체형을 가지고 있습니다. 남녀 캐릭터 대부분이 점잖은 투피스 정장과 넥타이를 맨 와이셔츠나 블라우스를 착용하고 있어 전체적으로 프로페셔널하고 단정한 인물의 느낌을 전달하고 있습니다. 따라서 세라와 세바스찬은 순정 만화나 취업과 직장생활을 주제로 한 웹툰 콘텐츠 제작에 가장 잘 어울리는 캐릭터입니다.

그림 1-13 세라와 세바스찬 캐릭터

라임이

라임이는 자유분방하고 발랄한 성격을 가지고 있는 여자 대학생의 특징을 한 눈에 살펴 볼 수 있는 캐릭터입니다. 길쭉한 팔다리와 커다란 눈망울을 가지고 있는 라임이는 엉뚱하지만 쾌활하고 외향적인 성격을 가진 여대생 주인공 캐릭터로 쓰기에 아주 좋습니다. 라임이는 다른 캐릭터들과 달리 메인과 서브 캐릭터로 여성만 있습니다. 또 다른 캐릭터에 비해 입고 있는 옷의 종

그림 1-14 라임이 캐릭터

류(반바지와 티셔츠 캐주얼 차림, 블라우스와 긴바지, 세미 정장)가 다양하여 여러 가지 웹툰 스토리 상황을 연출할 수 있습니다.

삼식이

삼식이는 사람 캐릭터가 아닌 동물인 고양이 캐릭터입니다. 커다란 고양이 얼굴에 사람의 팔다리를 가지고 있고, 고양이의 대표적인 특징이기도 한 세로로 길쭉한 동공을 가지고 있습니다. 웹툰 스토리를 전개할 때 사람처럼 똑같이 사회활동을 할 수 있는 귀여운 고양이 캐릭터가 필요할 때 또는 주인공 캐릭터와 함께 다니면서 조력자 역할을 하는 영리하고 매력 만점인 동물 캐릭터가 필요할 때 삼식이를 사용하면 좋습니다.

그림 1-15 삼식이 캐릭터

새미

새미는 질풍노도의 시기를 겪는 고등학교 2학년 학생을 모티브로 제작되어 말썽꾸러기와 모범생, 말괄량이 등 고등학교에서 흔히 발견할 수 있는 밝고 기운찬 학생 캐릭터입니다. 새미 캐릭터의 시각화 요소인 얼굴형, 이목구비, 팔다리 등의 전체적인 디자인이 라임이 캐릭터와 유사하며 발랄하고 유쾌한 느낌을 전달하고 있습니다. 새미는 고등학교에서 일어나는 소소한 일상생활을 에피소드 형식으로 다룬 웹툰 제작에 잘 어울릴 수 있는 캐릭터입니다.

그림 1-16 새미 캐릭터

저스틴과 미카

저스틴과 미카라는 이름에서도 드러나듯 메인과 서브 캐릭터 모두 세계 명작동화나 성경 이야기에 어울릴 것 같은 서구적인 얼굴형과 체형을 가지고 있습니다. 특이한 점은 외국인이 한복을 입은 듯한 느낌을 들게 하는 남녀 캐릭터와 다른 캐릭터에서는 찾아볼 수 없는 예수 캐릭터가 저스틴과 미카에 포함되어 있습니다. 저스틴과 미카는 모든 캐릭터의 기본 아웃라인(Outline)이 굵은 검은색 선으로 마무리되어 전반적으로 단정하고 깔끔한 인물의 느낌을 전달하고 있습니다. 또한 저스틴과 미카에 있는 서브 캐릭터 중 초등학생 연령대의 남녀 학생 캐릭터는 다른 성인 캐릭터들에 비해 전체 신장의 길이가 짧습니다.

그림 1-17 저스틴과 미카 캐릭터

무무

무무에 있는 메인과 서브 캐릭터는 대부분이 여성입니다. 특이하게도 무무 캐릭터는 캐릭터 디자인 색상의 전체적인 채도를 낮추고 윤곽선을 흐리게 만들어 다른 캐릭터들에서 두드러지게 나타내는 밝고 화사한 느낌이 없습니다. 그래서 웹툰 콘텐츠 스토리 구성상 까칠하면서 어둡고, 우울한 느낌의 여성 캐릭터가 필요할 때 무무를 사용하면 좋습니다.

그림 1-18 무무 캐릭터

무르미

무르미는 초등학생 연령대의 학생들을 위한 웹툰 콘텐츠를 제작할 때 적합한 캐릭터입니다. 이등신 신체비율에 엄청나게 큰 눈과 딸기코를 가지고 있는 무르미는 귀여움과 발랄한 에너지가 넘치는 캐릭터입니다. 또한 무르미는 초등학교에서 흔히 볼 수 있는 모범생, 말괄량이, 개구쟁이, 장난꾸러기 등의 다양한 특징별 학생 유형을 서브 캐릭터로 가지고 있습니다.

그림 1-19 무르미 캐릭터

구찬이

구찬이는 무르미가 자라서 중학생이 된 남학생 캐릭터입니다. 구찬이는 딸기코와 커다란 둥근 눈동자가 무르미 캐릭터와 유사하지만 진지하고 모범적인 이미지에 좀 더 작은 얼굴 크기를 가지고 있습니다. 이 캐릭터의 특징은 중학생인 구찬이가 장래에 희망하는 직업인 래퍼, 교장선생님, 의사, 예술가, 건설업자 등의 다양한 의상을 착용하고 있는 것입니다. 그래서 구찬이는 미래 직업 소개나 장래 희망 묻고 답하기와 같은 웹툰 콘텐츠를 제작할 때 유용하게 사용할 수 있는 캐릭터입니다.

그림 1-20 구찬이 캐릭터

길버트

길버트의 메인과 서브 캐릭터들은 모두 늘씬하고 큰 키에 작은 얼굴을 가지고 있습니다. 길버트라는 이름처럼 3개의 여성 시브 캐릭터를 빼고 모두 남성 캐릭터이며 전반적으로 단정하고 깔끔한 의상을 착용하고 있습니다. 영어 교과나 외국인이 등장하는 웹툰 콘텐츠를 제작할 때 길버트에 있는 다양한 피부색과 헤어 컬러를 보유한 캐릭터를 이용할 수 있습니다.

그림 1-21 길버트 캐릭터

키미

키미 캐릭터의 가장 큰 특징은 캐릭터의 피부색이 갈색 또는 붉은 계열의 색상을 띠고 있다는 것입니다. 또한 서브 캐릭터의 대부분이 활동적인 여성으로 구성되어 있으며 수영복, 요가복, 조깅복 등 주로 운동과 관련 있는 의상을 착용하고 있습니다. 키미는 태양광선이 강하게 내리쬐는 열대지방에서 온 인물을 표현하고 싶거나 운동과 관련된 웹툰 콘텐츠를 제작할 때 사용하면 좋습니다.

그림 1-22 키미 캐릭터

경이

경이는 순정만화에 나올법한 여성 캐릭터의 모습을 가지고 있습니다. 경이 캐릭터는 전체적으로 마른 체형에 가는 팔다리 그리고 도자기같이 흰 피부를 가지고 있습니다. 또한 순수한 눈빛을 나타내는 큰 크기의 반짝이는 눈과 뾰족한 코, 작은 입 등 다소 비현실적인 외모가 특징이라고 할 수 있습니다. 사랑 이야기를 다룬 로맨스 웹툰이나 일상의 에피소드를 중심으로 펼쳐지는 학원물 웹툰 콘텐츠에 경이 캐릭터가 유용하게 사용될 수 있습니다.

그림 1-23 경이 캐릭터

스케치

스케치에는 신체 관절부위를 구모양으로 만들어 관절의 움직임을 자유롭게 표현한 어린이, 남녀 성인, 체형별 등 총 6개의 서브 캐릭터가 있습니다. 스케치 캐릭터는 배우의 움직임이나 카메라 워크, 렌즈 사이즈 등을 미리 구상해보는 과정인 영화나 드라마 콘티 용도로 사용하는 것이 적절합니다.

그림 1-24 스케치 캐릭터

작가(Contributor) 캐릭터

투닝 작가 캐릭터는 현재 기준(2022년 2월 25일) 총 6개이며 각 대표 캐릭터는 성별, 연령별, 직업별, 의상별로 구분되는 10개 내외의 서브 캐릭터를 가지고 있습니다. 각 캐릭터의 이름과 특징, 캐릭터별 개성과 매력 포인트는 아래 이미지와 세부 설명에서 확인할 수 있습니다. 투닝 작가 캐릭터는 주기적으로 추가 업데이트 되며 스토리 구성 및 전개와 개인별 취향에 따라 다양한 투닝 캐릭터를 조합하여 나만의 독창적인 웹툰을 만들 수 있습니다. 투닝 작가 캐릭터를 워터마크 없이 템플릿에 사용하려면 투닝 전용 결제 수단이자 사이버머니인 '냥이'를 구입해야 합니다. '냥이' 충전은 카드 결제로 가능하며 요금제는 다음과 같습니다.

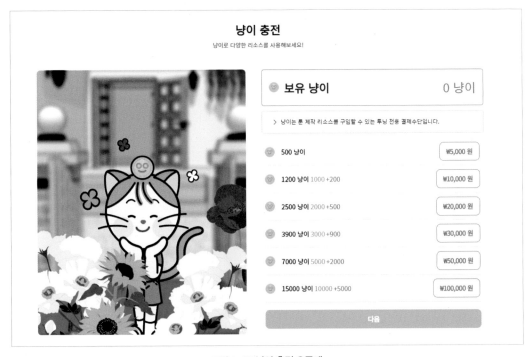

그림 1-25 냥이 충전 요금제

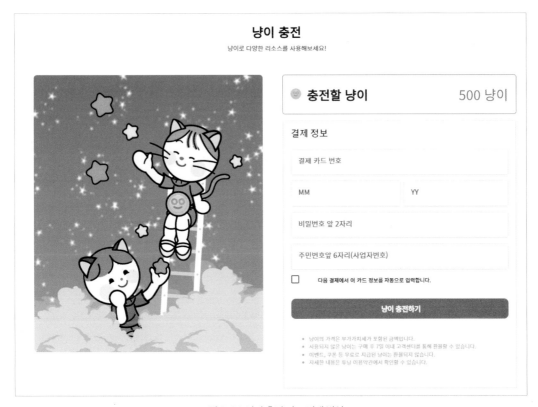

그림 1-26 냥이 충전 카드 결제 방식

'냥이'를 통해 구매할 수 있는 캐릭터, 배경, 요소 등의 리소스는 투닝이 외부 작가와의 협업을 통해 수시로 업데이트 하여 사용자에게 제공하고 있습니다. '냥이'로 작가 캐릭터를 개별 구매할 수 있으며 사용자는 구매 내역에 한하여 기간 제한 없이 이용할 수 있습니다.

투닝 편집툴에서 [캐릭터]-[Contributor]를 클릭하면 작가 캐릭터를 볼 수 있습니다. 캐릭터 세트를 대표하는 이름 옆에 있는 ① 아이콘(information, 작가 정보)을 누르면 캐릭터에 대한 간단한 설명과 작가의 닉네임을 볼 수 있습니다.

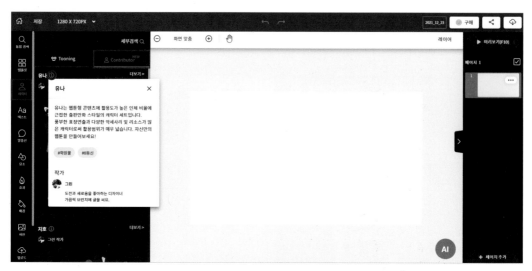

그림 1-27 캐릭터 설명과 작가 닉네임

투닝 작가 캐릭터 하단에 있는 [2022 캐릭터 Coming Soon]을 클릭하면 곧 공개되어 사용할 수 있는 작가 캐릭터들을 둘러볼 수 있습니다.

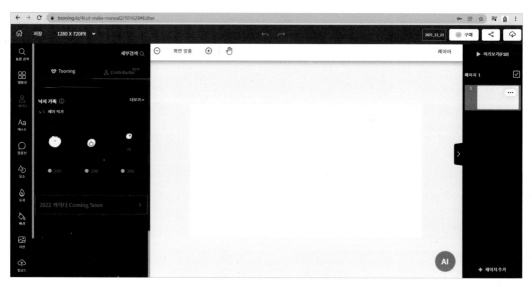

그림 1-28 공개 예정 작가 캐릭터 둘러보기

유나

유나 캐릭터는 고등학교 여학생을 주인공으로 한 학원물 웹툰 콘텐츠에 적합합니다. 유나에는 스토리 전개나 상황에 적합한 교복, 체육복, 잠옷, 일상복, 정장 등의 의상을 착용한 총 10개의 서브 캐릭터가 있습니다. 유나 서브 캐릭터의 또 하나의 특징은 전반적으로 캐릭터의 체형이 군살 없이 날씬하고 길쭉길쭉한 몸을 가진 슬렌더 형도 있지만 통통한 체형의 여학생 캐릭터도 존재하기 때문에 다양한 인물들이 학교 내에서 상호작용하는 스토리를 만들어 낼 수 있습니다.

그림 1-29 유나 캐릭터

지호

지호와 유나 캐릭터는 동일한 작가가 창작한 작품으로 두 캐릭터를 함께 사용하여 남녀 고등학생이 등장하는 학원물 웹툰을 창작하기에 좋습니다. 지호 서브 캐릭터들은 고등학교 교복 및 동·하복 체육복 의상을 착용하고 있으며 겨울이야기 전개에 적합한 숏패딩과 롱패딩을 입고 있는 캐릭터도 있습니다. 다만 지호는 통통한 체형의 유나 서브 캐릭터와는 달리 날씬하고 길쭉한 몸을 가진 슬렌더 형의 캐릭터만 존재합니다.

그림 1-30 지호 캐릭터

동물 친구들

동물 친구들은 이등신 일러스트 스타일로 표현된 십이지신에 속하는 12개의 동물뿐만 아니라 병아리, 코알라, 사자 등 총 18개의 동물 서브 캐릭터를 가지고 있습니다. 또한 동물 캐릭터마다 포인트를 주는 모자, 왕관, 리본 등의 액세서리를 착용하고 있어 캐릭터의 귀여움과 매력을 한껏 발산하고 있습니다. 동물 친구들 캐릭터는 카드 뉴스부터 일상툰 제작까지 다양한 스토리와 콘텐츠에 사용할 수 있습니다.

그림 1-31 동물 친구들 캐릭터

심플이

5등신 캐릭터 등신 비율을 가지고 있는 심플이는 다양한 웹툰 콘텐츠에 활용도가 높은 남녀 성인과 어린이 캐릭터를 가지고 있습니다. 다양한 헤어스타일과 경찰, 소방관, 의사 등의 직업 의상을 착용하고 있는 심플이 서브 캐릭터는 여러 인물이 등장하는 스토리 전개에 아주 적합한 캐릭터 세트라고 할 수 있습니다.

그림 1-32 심플이 캐릭터

이지와 친구들

이지와 친구들 캐릭터는 정확한 도형의 선을 이용하지 않고 마치 어린아이들이 손으로 그린 것 같은 윤곽선을 가지고 있습니다. 머리 하나의 크기가 몸 전체에 두 개가 들어가는 이등신 캐릭터의 이지와 친구들은 귀엽고 앙증맞은 동물, 아기, 청소년 등의 다양한 캐릭터를 가지고 있으므로 초등학교 저학년 교과 콘텐츠 제작에 사용하기에 좋습니다.

그림 1-33 이지와 친구들 캐릭터

낙서 가족

낙서 가족은 졸라맨과 같은 막대기 형태의 체형을 가진 캐릭터입니다. 동그라미 한 개와 다섯 개의 선으로만 이루어져 있는 낙서 가족은 학창 시절 누구나 한 번쯤은 그려봤을 법한 친근한 캐릭터입니다. 누구나 따라 그리기 쉬운 미니멀한 형태의 캐릭터 세트이기 때문에 간단하고 코믹한 웹툰 스토리를 제작할 때 낙서 가족을 사용할 수 있습니다.

그림 1-34 낙서 가족 캐릭터

1.5   투닝 요금제

이번 장에서는 무료로 투닝을 이용하는 방법과 구독을 통한 유료 프로(Pro)요금제 신청 방법에 대해서 알아보겠습니다. 또한, 초·중·고 교사라면 누구나 무료로 교육용 프로 버전 서비스를 신청하는 방법과 학교에서 단체로 학생 계정을 신청할 경우 좀 더 저렴한 가격 혜택을 받는 방법도 포함하고 있습니다.

무료 요금제

투닝은 카카오톡, 구글, 페이스북의 소셜 네트워크 계정으로 연동하여 간편하게 가입하거나 이메일 주소를 통해 회원가입을 하면 무료로 투닝 서비스를 이용할 수 있습니다. 무료 요금제에서 가능한 투닝 작업 내용은 다음과 같습니다.

그림 1-35 무료 계정 투닝 서비스의 사용 범위

프로(Pro) 요금제

투닝은 월 단위 구독 서비스를 제공하고 있으며 월 12,000원의 구독료를 내면 투닝 프로(Pro) 계정으로 업그레이드할 수 있습니다. 투닝 프로에서는 거의 모든 웹툰 리소스를 사용할 수 있으며 작업한 내용을 상업적으로도 이용할 수 있습니다. 하지만 투닝 프로를 이용하는 사용자라도 외부 작가와의 협업을 통해 제공되는 작가(Contributor) 캐릭터, 배경, 요소 등은 '냥이'의 추가 구매를 통해서만 워터마크 없이 사용할 수 있습니다.

그림 1-36 프로 계정 투닝 서비스의 사용 범위

투닝 플랫폼 무료 버전과 유료인 프로(Pro) 버전 사용의 차이점을 표로 정리하면 다음과 같습니다. 아래 표의 세부 내용은 2022년 3월 기준입니다.

	무료 버전	프로 버전
캐릭터	3종	16종
요소 및 배경	50종 이하	100종 이상
작업 저장	3개	무제한
작업 페이지 수	10개	무제한
업로드 파일 용량	50MB	1GB
유료 이미지 변환	불가능	가능
작업 다운로드	불가능	가능
작업 복제 링크 공유	불가능	가능
상업적 이용	불가능	가능

표 1-1 투닝 무료 버전과 프로 버전의 비교

교사 요금제

초 · 중 · 고 교사일 경우 개별적으로 다음 단계에 따라 이메일로 신청하고, 인증이 완료되면 투닝 프로(Pro)를 무료로 1년 동안 사용할 수 있습니다.

STEP 1 투닝(https://tooning.io/)에 접속하여 회원가입합니다.

STEP 2 교사임을 증명할 수 있는 교육기관 이메일로 다음 정보를 입력하여 투닝에 발송합니다.

그림 1-37 투닝 교육용 계정 신청 메일

1. 받는 사람(투닝) 이메일 주소: support@tooning.io

2. 보내는 사람(교사)은 반드시 아래 예시의 교육기관 이메일 계정 중 하나를 사용하여 발송합니다.

    - 공직자 통합메일: ***@korea.kr

    - 각 교육지원청 메일 예시: ***@sen.go.kr,   ***@goe.go.kr

    - 구글 워크스페이스 계정 예시: ***@ggh.goe.go.kr

3. 이메일 본문에는 [그림 1-37]과 같이 ① 이름 ② 투닝 로그인 계정 또는 가입한 계정 ③ 소속 학교명 ④ 담당 학년 및 반 ⑤ 담당 과목 ⑥ 개인 연락처 ⑦ 사용 목적 ⑧ 투닝을 알게 된 경로 총 여덟 가지 정보가 포함되어야 합니다.

STEP 3 수일 내로 투닝에서 교사 인증 이메일이 도착하면 그 시점부터 투닝 프로 버전 서비스를 1년간 무료로 이용할 수 있습니다.

학생 단체 요금제

학생 20명을 기준으로 6개월 또는 1년 단위 이용권을 투닝에 신청할 경우 좀 더 저렴한 가격으로 투닝 프로(Pro) 서비스를 이용할 수 있습니다. 단, 부가가치세(VAT)는 별도이며 도서 및 인쇄 발행허가권에 대해서도 별도 요금이 책정됩니다. 학생 단체 요금제에 대한 자세한 내용은 투닝에 이메일(support@tooning.io)로 문의하면 됩니다.

1.6 투닝 사용 범위와 저작권

투닝 요소 1개만 다운로드하거나 캡처하는 것은 저작권 위배

투닝 사용자는 투닝이 제공하는 콘텐츠 요소를 개별 요소로 다운로드 하거나, 단독으로 캡처 등을 통하여 복제하거나 이를 바탕으로 수정 및 편집하는 등의 사용이 불가합니다.

투닝 콘텐츠 요소 및 템플릿 판매 불가

투닝 사용자는 투닝이 제공하는 모든 콘텐츠 요소 및 템플릿을 복제, 수정, 재가공하여 이를 편집 가능한 형태의 파일로 재판매 할 수 없습니다.

단순 변심으로 인한 환불 불가

프로 요금제 가격은 투닝 내에 공개된 가격 정책을 따르고 있으며, 단순 변심으로 인한 환불은 불가합니다. 또한, 투닝 사용자가 요금제에 표시된 사용 대상과 일치하지 않을 경우 회사는 서비스를 중단할 수 있으며, 구독제의 경우 잔여 기간에 따른 환불이 불가합니다.

여러 명의 사용자가 하나의 계정 이용 불가

투닝 사용자는 자신의 아이디(ID)와 비밀번호를 타인과 공유할 수 없으며, 타인에게 사용권을 양도, 판매, 대여 등을 할 수 없습니다. 또한 투닝 사용자의 동일 아이디(ID)로 2명 이상 동시 접속하여 사용 할 수 없습니다. 유료 사용자의 경우 개인을 비롯해 기업이나, 단체, 공공기관 등에 속하여 업무를 위한 구독 서비스 이용 시 반드시 필요 인원 또는 실사용 인원 만큼 계정 당 결제하여 사용하는 것을 원칙으로 합니다. 여러 명의 사용자가 하나의 계정에서 하나의 요금제로 결제하여 이용하는 것이 적발될 경우, 회사는 통지 없이 서비스를 제한하거나 서비스 이용 위반에 대한 과금 및 추가 사용료를 청구할 수 있습니다.

유료 기간 작업 결과물 추후 사용 가능

투닝 유료회원 기간에 투닝 내에서 만들어서 다운로드된 작업물은 유료 기간이 끝나도 활용할 수 있습니다.

투닝 콘텐츠 요소의 원본 훼손 및 변형 형태 불가

투닝에 귀속되어 있는 콘텐츠 요소는 투닝 내의 '편집툴'을 통하여 자유롭게 편집 또는 수정 가능합니다. 그러나 사용자가 복수의 콘텐츠 요소로 재구성한 작업 결과물을 다운로드하여 원본을 훼손하거나 변형된 형태로 사용할 수 없습니다. 단, 아래사항은 예외로 합니다.

① **PPT 확장자 파일 편집 범위**: 파워포인트에서 요소의 위치, 크기 조정 및 삭제와 텍스트 추가가 가능합니다.

② **투명 배경 PNG 파일 사용 범위**: 다른 편집 프로그램에 원본 그대로 삽입하여 타 이미지와 결합할 경우 사용이 가능합니다.

③ **이미지 파일+동영상 프로그램 결합 범위**: 다른 동영상 프로그램에 원본 그대로 삽입하여 영상과 결합할 경우 사용이 가능합니다.

투닝 콘텐츠의 상업적 이용 및 공모전 출품 가능 여부는 투닝에 우선 문의

투닝에서 받은 무료 교육용 프로(Pro) 버전 이용 시 영리적(상업적) 목적의 교재 및 인쇄물 제작이 불가합니다. 만약, 교육적 또는 공적인 목적으로 이용을 원하면 교재의 내용에 따라 회사의 허가 후 사용이 가능합니다. 또한, 투닝에서 제공하는 콘텐츠 요소를 가공하여 공모전이나 대회에 출품할 경우 사전에 투닝에 문의(support@tooning.io)하여 허가를 받아야 합니다.

투닝에서 제공하는 폰트 사용 범위와 저작권

투닝에서 제공되는 폰트(Font)를 CI[8] 및 BI[9], 상업적 목적 등으로 사용할 경우 배포가 허락된 타 저작권사 웹사이트를 통해 자세한 규정을 확인한 후에 사용하셔야 합니다. 만약 저작권 규정에 위배되어 피해 발생 시 책임은 투닝에 있지 않고, 규정을 위반한 사용자에게 있습니다.

---

8 Corporate Identity의 약자로 기업 로고 등이 표현되는 기업 이미지
9 Brand Identity의 약자로 기업의 상표나 브랜드 이미지

1.7 투닝 사용 방법 동영상 자료 보기

투닝 회원가입부터 웹툰 제작에 필요한 기본 기능 사용법, 투닝 수업 적용 사례까지 투닝과 관련된 동영상 자료는 스마트 플립러닝 연구회 유튜브(YouTube) 채널에서 동영상 자료로 볼 수 있습니다. 또한, 투닝 사용법 동영상 설명란에는 타임스탬프(Timestamp)가 표시되어 있어 관심 있거나 필요한 내용과 주제의 시간 구간을 클릭하여 학습할 수 있습니다.

그림 1-38 투닝 동영상 자료 유튜브 타임스탬프

아래 두 가지 중 한 가지 방법을 선택하여 투닝 동영상 자료에 접속합니다.

1. 유튜브 접속 경로

유튜브(https://www.youtube.com) 검색창에 ❶ '스마트 플립러닝 연구회' 입력 → ❷ [재생목록] 클릭 → '투닝(tooning.io): AI 웹툰 제작 툴' 에서 ❸ [모든 재생목록 보기] 클릭

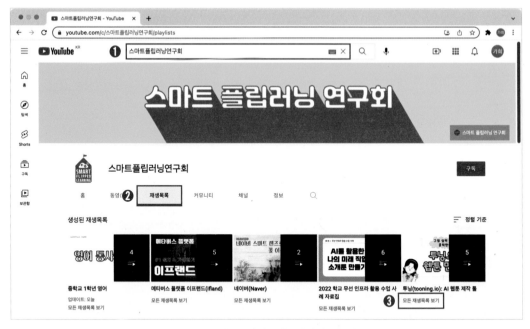

그림 1-39 유튜브에서 투닝 동영상 자료 보기

2. 투닝 동영상 재생목록 QR 코드

아래의 QR 코드를 스마트폰 카메라로 인식합니다.

그림 1-40 투닝 동영상 자료 QR 코드

1.8 투닝 모바일 사용

투닝은 PC 환경에서 크롬 웹브라우저를 통해 접속하여 사용하는 것이 좋습니다. 모바일(스마트폰) 환경에서도 크롬에 접속하여 웹툰을 제작하고 편집할 수는 있지만, 배경 및 캐릭터, 요소를 삽입하고 말풍선에 텍스트를 추가하는 등의 작업은 PC에서 더 편리하게 할 수 있습니다.

투닝 둘러보기

2.1 투닝 접속 & 가입하기

투닝은 PC와 모바일 기기 모두 '크롬' 브라우저를 이용해 투닝 웹사이트에 접속하는 방법으로 이용할 수 있습니다. 모바일 앱은 2021년 12월 기준 안드로이드 플레이 스토어(Play Store)에서만 이용 가능합니다. 따라서 이 책에서는 웹사이트를 기준으로 투닝의 사용 방법을 알아보겠습니다.

투닝 접속하기

01. 크롬 브라우저를 엽니다.

02. 주소창에 https://tooning.io/를 입력합니다.

그림 2-1 크롬 브라우저 초기 화면

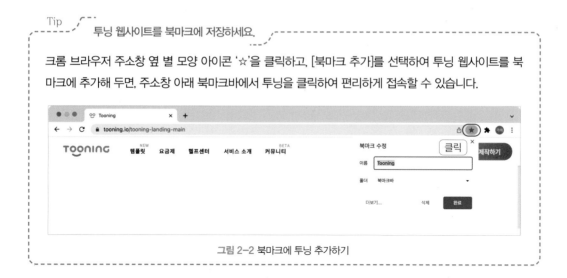

Tip 투닝 웹사이트를 북마크에 저장하세요.

크롬 브라우저 주소창 옆 별 모양 아이콘 '☆'을 클릭하고, [북마크 추가]를 선택하여 투닝 웹사이트를 북마크에 추가해 두면, 주소창 아래 북마크바에서 투닝을 클릭하여 편리하게 접속할 수 있습니다.

그림 2-2 북마크에 투닝 추가하기

투닝 회원가입 및 로그인하기

01. 투닝 메인화면 우측 상단에 있는 [로그인/가입]을 클릭합니다.

02. 카카오톡 계정, 구글 계정, 페이스북 계정과 연동하여 가입할 수 있습니다. 원하는 소셜 계정 한 가지를 클릭하고, 계정 정보를 입력하여 투닝에 가입합니다.

그림 2-3 소셜 계정으로 투닝 가입하기

03. 소셜 계정과 연동하여 가입한 경우 가입과 동시에 로그인 상태가 됩니다.

04. 소셜 계정과 연동하지 않고 가입하는 경우 [로그인] 버튼 아래에 있는 [회원가입]을 클릭하고, 이름, 이메일, 비밀번호(투닝에 로그인할 때 사용할 비밀번호)를 입력하고, 비밀번호 확인을 다시 한 번 입력한 뒤 [투닝 시작하기]를 클릭합니다.

그림 2-4 일반 이메일로 투닝 가입하기

05. 가입이 끝난 후에는 투닝 메인화면에서 [로그인/가입] 버튼을 클릭하고 '투닝으로 가입한 이메일'과 회원가입 시 입력한 '비밀번호'를 입력하고 [로그인] 버튼을 클릭하여 로그인합니다.

그림 2-5 일반 이메일로 투닝 로그인하기

2.2 투닝 둘러보기

투닝 홈페이지를 둘러보며 메뉴와 템플릿을 살펴보고, 투닝으로 콘텐츠를 제작하는 화면인 편집 툴의 각 메뉴와 기능을 하나씩 알아보겠습니다.

메인화면 둘러보기

투닝 홈페이지 메인 화면에서 확인할 수 있는 메뉴는 아래 그림과 같습니다.

그림 2-6 투닝 메인화면(무료버전으로 로그인한 상태)

1 투닝 로고: 어떤 메뉴에서도 투닝 로고를 클릭하면 다시 메인화면으로 이동합니다.

2 나의 작업: 투닝으로 작업한 작품들이 저장되어 있는 곳입니다. 검색창에 설정한 작품의 제목을 입력하여 나의 작품을 빠르게 찾을 수 있습니다. 작품 제목 옆 더보기(⋯)를 클릭하여 작품 제목 변경하기, 미리보기, 작업복제, 삭제를 할 수 있습니다.

그림 2-7 투닝 나의 작업 메뉴

3 템플릿: 투닝으로 제작한 템플릿을 둘러보고 원하는 템플릿을 선택하여 편집할 수 있는 메뉴입니다. 템플릿은 '템플릿 둘러보기' 절에서 자세히 살펴보겠습니다.

그림 2-8 투닝 템플릿 메뉴

4 요금제: 투닝의 요금제를 확인하고 투닝 Pro 구독 신청을 할 수 있는 메뉴입니다.

[요금제] 메뉴 아래의 [냥이 충전하기]를 누르면 작가 캐릭터와 요소를 개별적으로 구입할 수 있는 '냥이'를 충전할 수 있습니다. 또한 [요금제] 메뉴에서는 [서비스 소개서 다운로드]를 클릭하여 투닝 소개자료(pdf 파일)를 확인 및 다운로드 할 수 있습니다.

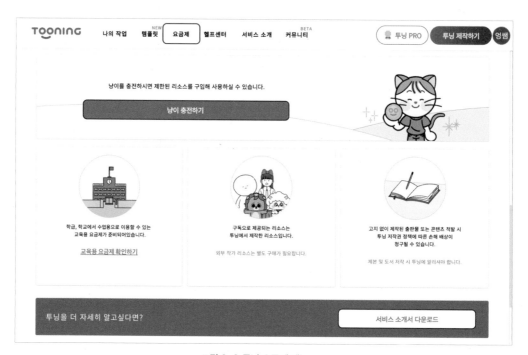

그림 2-9 투닝 요금제 메뉴

5 헬프센터: 투닝 사용에 대한 FAQ(자주 묻는 질문)와 투닝 기본 사용법, 투닝 사용에 대한 저작권, 이용약관, 개인정보처리방침 등을 확인할 수 있습니다. 이와 별개로 투닝 메인화면에서 우측 하단의 1:1 문의 버튼을 누르면 실시간으로 1:1 문의를 할 수 있습니다.

그림 2-10 투닝 헬프센터에서 FAQ 확인하기

6 서비스 소개: 일반용, 교육용, 기업용으로 투닝을 사용할 때에 필요한 안내 자료와 활용 사례 등을 각각 확인할 수 있습니다.

그림 2-11 투닝 서비스 소개 – 교육용

7 커뮤니티(BETA): 투닝으로 제작한 작품들을 감상할 수 있는 메뉴입니다. 일상툰, 정보툰, 인기 템플릿 등을 모아서 볼 수 있고 투닝 공모전 소식도 확인할 수 있습니다. 또한 투닝 커뮤니티에 작품을 공유할 투닝 작가 지원 링크와 작가 혜택도 이곳에서 확인할 수 있습니다.

그림 2-12 투닝 커뮤니티

8 투닝 PRO: 무료 계정의 경우에만 나타나며, 투닝 PRO 구독화면으로 바로 이동할 수 있습니다.

9 투닝 제작하기 / 무료로 제작하기: 투닝의 편집툴로 바로 이동할 수 있습니다. 이때 기본 크기는 1080 × 1080px로 설정됩니다.

10 투닝 계정: 투닝의 계정 정보를 확인할 수 있습니다. 충전한 냥이의 개수를 확인하고 나의 작업 메뉴로 이동하거나 [내 계정]을 눌러 개인정보와 결제수단 등을 변경할 수 있습니다. 언어 설정에서는 한국어, 영어, 프랑스어, 일본어 중 1가지를 선택할 수 있고 로그아웃 할 수 있습니다.

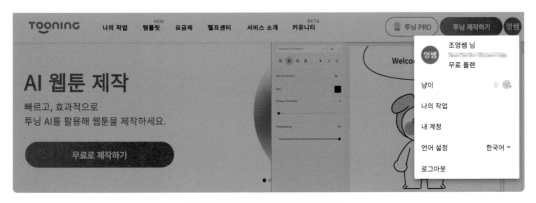

그림 2-13 투닝 메인 화면 우측 상단 메뉴

템플릿 둘러보기

투닝에서는 투닝의 캐릭터, 요소, 배경 등을 활용하여 제작한 다양한 용도별, 콘텐츠별 템플릿을
제공하고 있습니다. 템플릿을 그대로 공유하여 활용하거나 템플릿에 내가 원하는 내용과 요소를
수정, 추가하여 간단히 나만의 작품을 만들 수 있습니다.

용도별 템플릿

용도별 템플릿에는 웹툰에서 자주 사용하는 네컷 만화 등이 수록된 '웹툰 콘텐츠', 카드뉴스나 SNS
홍보 게시물 등이 수록된 '소셜 미디어', 각종 공지사항과 행사를 알리는 '포스터', 발표 자료 제작
에 필요한 '프레젠테이션', 동영상 제작에 필요한 'YouTube 썸네일' 등의 템플릿이 있습니다.

그림 2-14 용도별 템플릿

교육별 템플릿

교육별 템플릿에는 각 교과의 내용을 웹툰 형식으로 스토리텔링한 템플릿들을 제공하고 있습니다. AI 교육, 국어, 도덕, 사회, 역사, 수학&과학&자연, 미술&음악&체육, 영어&언어 등 다양한 교과별 자료를 제공하고 있는데, 실제 교과서에서 다루는 내용을 바탕으로 하고 있어 템플릿을 바로 링크로 공유하여 수업 자료로 활용할 수도 있습니다.

그림 2-15 교육별 템플릿

그림 2-16 AI교육 템플릿 중 '알고리즘이 무엇일까요?'

상황 연출

상황 연출 템플릿에는 웹툰에서 자주 사용하는 화면 분할과 장면 구성을 제공하고 있습니다. 따라서 상황 연출 템플릿은 작품을 만드는 과정에서 스토리 전개에 따라 필요한 장면을 그때그때 편집 툴의 템플릿 메뉴에서 추가하여 편집하는 데에 사용할 수 있습니다.

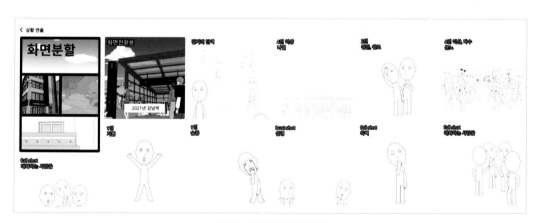

그림 2-17 상황 연출 템플릿

이밖에도 다가오는 이벤트, 코로나19, 기념일 등의 다양한 템플릿을 제공하고 있습니다. 카테고리 옆 [모두 보기]를 누르면 더 많은 템플릿을 확인할 수 있습니다.

템플릿에서 원하는 것을 골라 클릭하면 템플릿을 보다 자세히 확인할 수 있습니다. 템플릿이 여러 페이지로 구성된 경우 각 페이지를 좌, 우로 넘기며 미리볼 수 있고 템플릿의 크기와 키워드도 확인할 수 있습니다.

그림 2-18 템플릿 선택 화면

이곳에서 화면 우측 상단의 [공유 아이콘]을 클릭하고 [공유 링크 복사]를 눌러 템플릿의 링크를
바로 공유하여 활용할 수 있습니다. 템플릿을 편집하여 이용하려면 오른쪽 아래의 [이 템플릿 편
집]을 클릭하여 편집툴로 이동합니다.

편집툴 둘러보기

투닝 메인 화면에서 [무료로 제작하기] 또는 [투닝 제작하기]를 클릭하면 바로 편집툴로 이동하게
됩니다. 이번 절에서는 편집툴의 구성과 각 메뉴를 하나씩 살펴보겠습니다.

그림 2-19 투닝 메인화면에서 [투닝 제작하기]를 클릭하여 편집툴로 이동하기

투닝에서는 작품을 만들고 편집하는 화면 전체를 '편집툴'이라고 하며, 작품의 바탕이 되는 화면을 '아트보드'라고 합니다.

그림 2-20 투닝 편집툴

편집툴 상단 메뉴

그림 2-21 편집툴 상단 메뉴

1 홈 버튼: 작업 중 언제든지 '나의 작업' 메뉴로 돌아갈 수 있는 버튼입니다.

2 화면 크기: 작품의 크기가 표시되는 부분입니다. 이 부분을 클릭하면 언제든지 작품의 크기를 변경할 수 있습니다. '크기'를 선택하여 템플릿 유형마다 기본 설정된 크기로 설정할 수도 있고, '사용자 지정'을 클릭하여 가로, 세로 크기를 원하는 대로 직접 입력하여 변경할 수 있습니다. 이때 크기의 단위는 px(픽셀)이며 최소 100px부터 최대 5400px까지 설정할 수 있습니다. 크기 설정 또는 입력 후 [크기 적용]을 클릭하면 작품의 크기가 변경됩니다.

그림 2-22 화면 크기 선택 및 사용자 지정하기

3 되돌리기 / 다시실행: 바로 직전의 작업으로 되돌리거나 (←), 되돌리기로 취소된 작업을 다시 실행(→)하는 버튼입니다.

4 제목: 작품의 제목을 입력하는 곳입니다. 작품을 처음 시작한 날짜가 자동으로 제목으로 생성되며 (예 : 2022_3_10), 이곳을 클릭하여 원하는 대로 작품의 제목을 입력하여 변경할 수 있습니다.

5 저장: 투닝 작업 내용을 '나의 작업'에 저장하는 버튼입니다. 저장 버튼을 누르지 않아도 수시로 자동 저장되며, 홈 버튼을 클릭하거나 다운로드 전에도 자동 저장됩니다.

6 공유: 작품을 링크로 공유할 때 사용하는 버튼입니다. 보기 설정은 웹툰 보기 방식과 같은 '상하 스크롤'과 카드 뉴스 보기 방식과 같은 '가로 스크롤', 네컷만화 형태인 '네컷 보기' 중 하나를 선택할 수 있으며, 공유 설정은 '보기 전용'과 '복제 가능(Pro버전만 가능)' 중 하나로 선택할 수 있습니다. 선택이 끝나면 아래의 [공유 링크 복사]를 클릭하고 원하는 곳에 붙여넣기하여 작품을 공유합니다.

[SNS SHARE] 탭에서는 투닝 모바일 앱(2022년 현재 안드로이드 플레이 스토어에만 출시되어 있음)을 설치할 수 있는 QR 코드가 표시되어 있습니다. 투닝 모바일 앱에서 SNS SHARE 탭을 누르면 인스타그램 앱으로 바로 연결됩니다.

7 다운로드: 작품을 파일로 다운로드하는 버튼입니다. 웹용과 출력용(Pro버전만 가능)으로 구분되어 있으며, 인쇄하여 게시하는 경우 출력용의 고화질 이미지를 다운로드하는 것이 좋습니다. 파일 형식은 JPG, PNG, PDF, PPTX의 네 가지 중 하나로 선택할 수 있으며, JPG와 PNG의 경우 여러 페이지의 작품을 한장으로 이어붙이는 '한장으로 이어붙이기' 옵션을 제공합니다. 또한 PNG의 경우 흰 바탕의 배경 없이 콘텐츠만 다운로드 할 수 있는 '투명 배경' 옵션을 제공하는데 Pro버전에서만 제공하는 옵션이며, 작품에 배경 요소를 추가하지 않은 경우에만 투명 배경이 적용됩니다. 각 페이지 옆 체크박스를 선택 또는 해제하여 원하는 페이지만 선택하여 다운로드 할 수 있으며, 2페이지 이상을 한 번에 다운로드하는 경우 압축 폴더(ZIP)로 다운로드 됩니다.

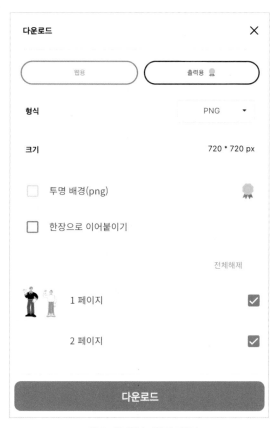

그림 2-23 투닝 다운로드하기

8 구독 및 구매하기: 무료 버전을 이용하는 경우 프로 버전을 구독하는 버튼(Pro)이 나타나며, 작품 내에 유료 구입이 필요한 작가 캐릭터나 작가 요소 등을 사용한 경우 표시된 워터마크를 없애려면 구매 버튼(구매)을 클릭하여 개별 요소를 '냥이'를 이용하여 구매해야 합니다.

메뉴 탭 및 콘텐츠 요소

투닝에서 작품을 만들고 편집하는 데에 필요한 메뉴와 세부 설정 화면이 열리는 부분입니다. 각 메뉴별 콘텐츠를 검색하고 작품에 추가할 수 있으며, 작품에 추가된 콘텐츠를 선택하면 이쪽에 세부 설정 메뉴가 열리게 됩니다.

그림 2-24 투닝 메뉴 탭

1 통합 검색: 키워드를 입력하여 검색하면 해당 키워드에 맞는 템플릿, 캐릭터, 배경, 요소 등이 한 번에 검색되는 메뉴입니다.

2 템플릿: 원하는 템플릿을 작품에 불러오기 할 수 있는 메뉴입니다. [세부 검색]을 클릭하여 찾고자 하는 템플릿의 키워드를 입력하여 원하는 템플릿을 찾을 수 있습니다. 템플릿이 여러 페이지인 경우 템플릿 오른쪽 아래에 페이지 개수가 표시되며, 이 경우 템플릿을 클릭한 후 원하는 페이지를 1장 클릭하여 불러오거나 [모든 페이지 적용]을 클릭하여 템플릿에 포함된 모든 페이지를 한 번에 불러오기 할 수 있습니다.

그림 2-25 투닝 템플릿 세부 검색하기

3 캐릭터 ~ 드로잉: 캐릭터, 텍스트, 말풍선, 요소, 효과, 배경, 사진, 업로드, 드로잉을 추가 및 편집하는 메뉴입니다. 각 메뉴의 사용법은 PART 03~06에서 자세히 다루도록 하겠습니다.

4 더보기: 더보기에서는 투닝에서 이용할 수 있는 단축키를 확인할 수 있습니다. 또한 모든 작업 내용을 한꺼번에 삭제하는 [처음 상태로], 도움말 페이지로 이동할 수 있는 [도움말], AI가 학습하는 데이터를 입력할 수 있는 [AI 재학습] 버튼이 있습니다.

그림 2-26 투닝 더보기 메뉴

AI 재학습 버튼을 클릭하면 단어를 입력하고 해당 단어를 표현하는 표정을 선택하여 AI가 재학습할 수 있는 데이터를 제공할 수 있습니다. 이렇게 제출한 데이터를 바탕으로 AI가 계속하여 재학습하여 문장으로 툰 생성 또는 글로 캐릭터 연출과 같은 기능에서 보다 정교한 결과를 보여줄 수 있습니다.

그림 2-27 투닝 AI 재학습

아트보드 화면 설정 메뉴

1 아트보드 크기 설정: ⊕와 ⊖를 클릭하여 아트보드의 크기를 확대, 축소할 수 있으며 [화면 맞춤]을 클릭하면 화면 크기에 맞게 아트보드의 크기를 자동으로 설정합니다.

2 아트보드 선택 툴: ✋ 버튼은 아트보드 영역을 이동할 때, ▷ 버튼은 아트보드 내 콘텐츠(캐릭터, 배경, 요소 등)를 선택할 때 이용하는 툴입니다.

※ ❸~❾는 아트보드에 콘텐츠가 1개 이상 있을 때 나타납니다.

❸ 크기/회전: 아트보드에 추가한 콘텐츠를 선택하고, '크기/회전'을 클릭하면 콘텐츠의 크기와 각도를 드래그하여 조절할 수 있습니다. 이때 '비율 유지 시키기'를 해제하면 가로와 세로 크기를 각각 별도로 조절할 수 있습니다.

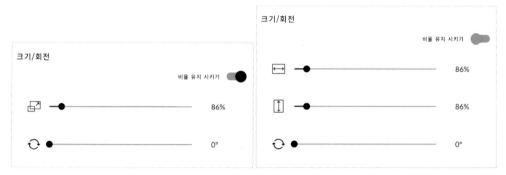

그림 2-29 투닝 크기/회전 옵션 (좌 : 비율 유지 시키기 설정, 우 : 비율 유지 시키기 해제)

'크기/회전' 버튼을 누르지 않고도 아트보드의 추가한 콘텐츠를 클릭하고 네 모서리의 핸들을 클릭한 채로 드래그하면 원하는 크기로 조절할 수 있고 콘텐츠 위쪽 가운데에 있는 핸들을 클릭한 채로 좌우로 드래그하면 원하는 각도로 조절할 수 있습니다.

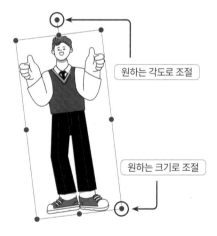

그림 2-30 콘텐츠 핸들로 크기 및 각도 조절하기

❹ 자르기: 아트보드에 추가된 콘텐츠를 선택하고 [자르기]를 클릭하면 콘텐츠의 필요한 부분만을 남기고 불필요한 부분을 자를 수 있습니다. 잘라내기 할 모양을 사각형, 원형, 삼각형 중 한 가지로 선택하고, 화면의 콘텐츠를 클릭하면 콘텐츠 위에 8개의 핸들이 나타납니다. 이 핸들을 클릭한 채로 드래그하여 남길 부분을 지정해 줍니다. 콘텐츠 위쪽 가운데 핸들을 이용하여 자르기 도형의 각도도 조절할 수 있습니다. 남길 부분을 지정한 후 '적용'을 클릭하면 아트보드 내의 콘텐츠가 자르기 됩니다. 자르기를 이용하여 캐릭터, 배경 등에서 필요한 부분만 일부 사용할 수 있습니다. 하지

만, 자르기 한 콘텐츠는 일부 편집이 불가능한 경우가 있으므로 각 콘텐츠의 편집이 모두 마무리된 상태에서 가장 마지막으로 자르기를 하는 것이 좋습니다. 또한 한 번 자르기 한 콘텐츠 요소를 선택하고 [자르기]를 클릭하면, '다시 자르기'와 '자르기 없애기'를 할 수 있습니다.

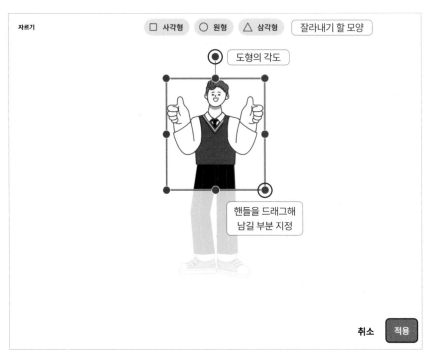

그림 2-31 콘텐츠 자르기 옵션

5 정렬: 아트보드에 추가된 콘텐츠를 선택하고 '정렬'을 클릭하면 해당 콘텐츠를 왼쪽, 가운데, 오른쪽, 위, 가운데, 아래로 정렬할 수 있습니다. 3개 이상의 콘텐츠를 선택하면, 콘텐츠 간의 가로 또는 세로 간격을 일정하게 정렬할 수 있습니다.

정렬

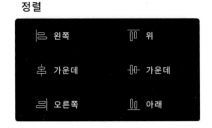

그림 2-32 투닝 정렬 옵션

6 뒤집기: 아트보드의 콘텐츠를 선택하고 [뒤집기]를 클릭하면 수평 뒤집기(좌우), 수직 뒤집기(상하)를 할 수 있습니다. 이 버튼을 이용하여 캐릭터 옆면을 좌우로 설정하거나 말풍선의 꼬리 방향을 좌우로 변경할 수 있습니다.

그림 2-33 뒤집기 옵션

7 순서: 아트보드에 두 개 이상의 콘텐츠가 있을 때 하나의 콘텐츠를 선택하고 [순서]를 클릭하면, [앞으로 보내기], [맨 앞으로 보내기], [뒤로 보내기], [맨 뒤로 보내기] 중 하나를 선택하여 해당 콘 텐츠의 순서를 다른 콘텐츠의 앞 또는 뒤로 조절할 수 있습니다.

그림 2-34 '교탁'을 선택하고 '앞으로 보내기' 한 상태(좌)와 '뒤로 보내기' 한 상태(우)

순서의 조절은 '레이어'에서 해당 레이어의 위치를 위, 아래로 조절하는 것으로도 할 수 있습니다.

8 복사: 선택한 콘텐츠의 복사본을 생성해 주는 버튼입니다.

9 삭제: 선택한 콘텐츠를 삭제해 주는 버튼입니다.

10 레이어: 아트보드에 있는 모든 콘텐츠를 레이어 목록으로 볼 수 있는 버튼입니다. 레이어 목록에 서 해당 레이어를 선택하면 아트보드의 콘텐츠가 선택되므로 다른 콘텐츠에 가려진 콘텐츠나 크기 가 작은 콘텐츠를 선택할 때 유용합니다. 아트보드에서 편집 작업을 할 때 레이어에 있는 [가리기], [잠그기] 버튼을 이용하면 보다 편리하게 작업을 할 수 있습니다.

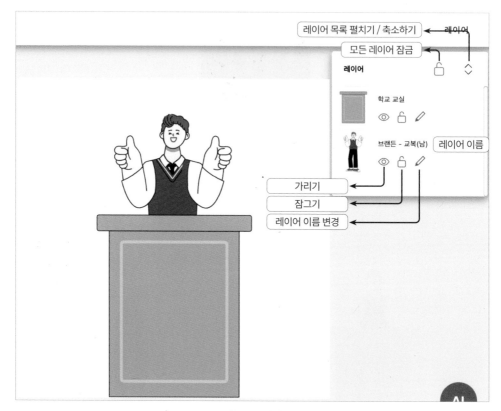

그림 2-35 레이어 옵션

- **가리기**(👁): 해당 레이어가 보이지 않도록 가리는 버튼입니다. [가리기 해제(👁‍🗨)]를 클릭하여 다시 해당 레이어가 보이도록 설정할 수도 있습니다. 같은 캐릭터나 요소를 여러 페이지에 번갈아 사용할 때 해당 레이어가 있는 페이지를 여러 장 복사한 후 가리기를 이용하여 편집할 수 있습니다.

- **잠그기**(🔓): 편집 시 해당 레이어가 선택되지 않도록 잠그는 버튼입니다. '배경'처럼 맨 뒤에 위치하는 레이어가 그 위에 위치하는 레이어를 편집할 때 같이 선택되지 않도록 하여 편집을 보다 편리하게 할 수 있습니다. 잠그기 된 상태(🔒)에서 다시 한 번 클릭하면 잠그기가 해제됩니다.

- **레이어 이름 변경** (✏): 레이어의 이름을 원하는 것으로 입력하여 변경할 수 있습니다. 한 페이지에 같은 이름의 레이어를 여러 개 사용할 경우 레이어의 이름을 변경하여 빠르게 해당 레이어를 찾을 수 있습니다.

- **모든 레이어 잠금**: 레이어 맨 위의 잠그기 버튼은 해당 페이지에 있는 모든 레이어를 한 번에 잠그는 버튼입니다.

- **레이어 목록 펼치기/축소하기**(◇): 레이어 목록을 길게 펼쳐서 보거나 반대로 짧게 축소해서 볼 수 있는 버튼입니다.

Tip

여러 개의 콘텐츠 그룹화하기

아트보드에 추가된 여러 개의 콘텐츠 요소를 마우스로 크게 드래그하거나 키보드에서 Shift를 클릭한 채로 마우스로 콘텐츠 요소를 선택하여 동시에 여러 개의 콘텐츠를 선택하면, 왼쪽 세부 설정 화면에 [그룹화] 버튼이 나타납니다. 이 버튼을 이용하여 여러 개의 콘텐츠를 마치 하나의 콘텐츠처럼 그룹화하면 편집이 보다 편리해 집니다. 이때 그룹화한 요소는 각각을 편집할 수 없게 되며, 편집 레이어에 '그룹화된 툰요소'라고 표시됩니다. 다시 편집이 필요한 경우 그룹화한 요소를 클릭하여 [그룹화 해제]를 해야 합니다.

그림 2-36 여러 개의 콘텐츠 그룹화하기

아트보드 및 AI 기능 버튼

그림을 '도화지'에 그리듯 투닝에서 작품이 만들어지는 바탕 화면을 '아트보드'라고 합니다. 아트보드에 콘텐츠를 하나씩 추가, 편집하면서 작품을 만들어 가게 됩니다. 아트보드 오른쪽 아래에는 'AI' 버튼이 있는데, 이 버튼으로 이용할 수 있는 투닝의 AI 기술은 다음의 네 가지입니다.

그림 2-37 아트보드와 AI 기능

❶ 문장으로 툰 생성(BETA): 인물과 상황, 발화를 문장으로 입력하면 AI가 이를 인식하여 어울리는 캐릭터, 배경, 말풍선 등을 설정하고 발화와 상황을 텍스트로 입력해 주는 기능입니다.

그림 2-38 문장으로 툰 생성하기(좌 : 입력한 내용, 우 : 결과)

사용할 인물과 인물이 처한 상황, 인물이 하는 발화를 예시와 같이 입력하면 되는데, 이때 인물에는 활용 가능한 캐릭터로 설정한 5개의 캐릭터의 이름을 입력해야 하며, 상황은 간단명료하게 입력하는 것이 좋습니다. 또한 발화는 따옴표 안에 내용을 입력해야 합니다. 현재 베타 버전으로 제공하고 있는 기능이며, 이 기능을 이용하여 해당 페이지에 추가할 콘텐츠를 하나 하나 선택하지 않고 자동으로 생성된 상태에서 편집 작업만 하여 빠르게 웹툰을 만들 수 있습니다.

❷ 그림으로 요소 검색: 필요한 요소를 직접 그림으로 그리고 AI가 이를 인식하여 빠르게 배경과 요소를 찾아주는 기능입니다.

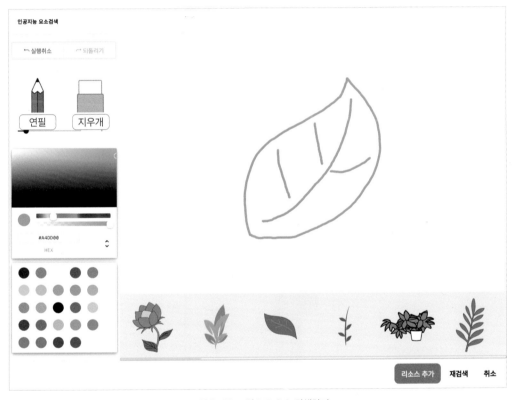

그림 2–39 그림으로 요소 검색하기

왼쪽 그리기 툴에서 '연필'을 선택한 상태로 오른쪽 흰 바탕화면에 그림을 그리면 이를 인식하여 아래쪽에 비슷한 배경과 요소를 표시해 줍니다. 이때 원하는 요소가 나타났다면 해당 요소를 클릭하고 [리소스 추가]를 클릭하면 작품에 추가됩니다. 왼쪽 그리기 툴에서 [지우개]를 선택하여 그림의 일부를 지우거나 [전체 삭제] 또는 화면 오른쪽 아래의 [재검색]을 클릭하여 그림 전체를 지우고 다시 그려 검색할 수 있습니다.

❸ 사진으로 캐릭터 생성: 카메라로 촬영한 내 얼굴을 인식하여 내 얼굴과 비슷한 캐릭터를 생성해 주는 기능입니다. 이 메뉴에서는 사용법 영상을 확인할 수 있으며, 자세한 방법은 [PART 3.4 캐릭터 얼굴 편집하기]에서 다루도록 하겠습니다.

❹ 글로 캐릭터 연출: 글에 입력한 내용을 바탕으로 내용과 어울리도록 캐릭터의 표정과 동작을 자동으로 생성해 주는 기능입니다. 이 메뉴에서는 사용법 영상을 확인할 수 있으며, 자세한 방법은 [PART 4.3 텍스트 AI 연출하기]에서 다루도록 하겠습니다.

페이지 슬라이드

작품에 포함된 여러 페이지를 표시하는 부분입니다. 아트보드에서 마우스 휠을 드래그해도 다음 페이지로 이동하지 않기 때문에 이 곳에서 원하는 페이지를 클릭하여 이동해야 합니다. 또한 페이지의 순서를 바꾸려면 해당 페이지를 클릭한 채로 위, 아래로 드래그하면 됩니다.

그림 2-40 페이지 슬라이드

1 미리보기(F10) : 작품을 팝업화면에서 미리보기 할 수 있는 버튼입니다. 키보드에서 F10 버튼을 눌러도 됩니다.

2 여러 페이지 선택하기(☑) : 페이지 목록에서 체크박스를 클릭하면 여러 페이지를 선택하거나 전체 페이지를 선택하여 삭제할 수 있습니다.

3 더보기(⋯) : 하나의 페이지를 선택하고 오른쪽 위의 [더보기 아이콘]을 클릭하면 해당 페이지를 '복제', '삭제', '페이지 비우기(페이지 내의 콘텐츠를 모두 삭제하는 것)'를 할 수 있습니다. (단, 페이지를 '삭제'하면 해당 페이지의 삭제된 항목은 되돌릴 수 없습니다.)

4 페이지 추가 : 작품에 새로운 페이지를 추가하는 버튼입니다. 페이지가 선택된 상태에서 [페이지 추가]를 누르면 선택된 페이지 바로 다음 페이지가 추가됩니다.

투닝 캐릭터
사용법

투닝에서는 웹툰에서 가장 중요한 요소라고 할 수 있는 다양한 캐릭터를 제공하고 있습니다. 또한 캐릭터의 표정, 동작, 얼굴 등을 내용에 맞게 편집하여 이용할 수 있습니다. 이번 파트에서는 투닝에서 캐릭터를 추가하고 편집하는 방법을 알아보겠습니다.

3.1 | 캐릭터 추가하기

투닝에 캐릭터를 추가하려면 왼쪽 메뉴에서 [캐릭터]를 클릭합니다. 캐릭터에는 무료로 이용할 수 있는 '투닝(Tooning) 캐릭터'와 유료로 이용해야 워터마크 없이 이용할 수 있는 '작가(Contributor) 캐릭터'가 있습니다. 또한 무료버전을 이용할 경우 투닝 캐릭터 중에서도 '브랜든', '김툰스', '김계란', '동글이' 캐릭터만 워터마크 없이 이용할 수 있으며, 유료버전을 이용하거나 교육용 투닝을 이용하는 경우에는 모든 투닝 캐릭터를 워터마크 없이 이용할 수 있습니다. 또한 각 캐릭터 이름 옆 [더보기]를 클릭하면 비슷한 그림체의 더 많은 캐릭터를 살펴볼 수 있습니다. 원하는 캐릭터를 클릭하면 작품에 추가됩니다.

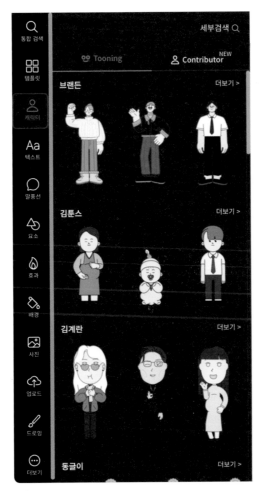

그림 3-1 캐릭터 메뉴

Tip   캐릭터 고르기

작품의 내용과 분위기에 어울리는 캐릭터인가?

각 캐릭터마다 그림체가 다르기 때문에 작품의 내용과 분위기와 어울리는 그림체의 캐릭터를 선택합니다.

내가 설정한 인물의 직업에 맞는 의상을 입고 있는 캐릭터인가?

캐릭터의 표정, 동작 그리고 캐릭터가 입고 있는 의상의 색상은 모두 편집이 가능합니다. 그러나 캐릭터가 입고 있는 옷을 다른 옷으로 바꿀 수는 없으므로, 내가 설정한 인물의 직업에 어울리는 의상을 입고 있는 캐릭터를 고르는 것이 좋습니다.

내가 표현하고 싶은 표정이 있는 캐릭터인가?

캐릭터를 선택하여 작품에 추가하면, 추가된 캐릭터를 클릭했을 때 왼쪽 세부 설정 메뉴에서 각 캐릭터에 설정된 표정을 모두 살펴볼 수 있습니다. 이 표정의 목록은 캐릭터 카테고리별로 동일하므로, 표정의 목록을 살펴보고 내가 표현하고 싶은 표정이 많이 들어있는 카테고리의 캐릭터를 고르는 것이 좋습니다.

아트보드에 추가된 캐릭터를 클릭하면 캐릭터의 바로 옆에 캐릭터의 방향, 머리 및 몸의 각도 등을 설정할 수 있는 팝업메뉴가 열리게 됩니다.

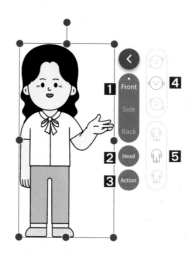

그림 3-2 캐릭터 편집 팝업메뉴

1 캐릭터 방향 변경: 캐릭터의 방향을 정면(Front), 측면(Side), 후면(Back)을 보도록 바꿀 수 있는 버튼입니다.

2 캐릭터 얼굴 편집(Head): 캐릭터 얼굴 편집 메뉴로 바로 이동하는 버튼입니다.

3 캐릭터 동작 편집(Action): 캐릭터 동작 편집 메뉴로 바로 이동하는 버튼입니다.

4 머리 방향 선택: 캐릭터의 머리 부분을 왼쪽, 오른쪽으로 기울이는 버튼입니다. 기울이는 각도는 얼굴 편집에서 보다 세밀하게 조절할 수 있습니다.

5 몸통 방향 선택: 캐릭터의 몸통 부분을 왼쪽, 오른쪽으로 기울이는 버튼입니다. 몸통을 기울이는 각도는 조절할 수 없습니다.

※ 단, 캐릭터 자체를 '수평 뒤집기' 한 경우 머리 방향이나 몸통 방향이 반대로 기울어 질 수 있습니다.

3.2　캐릭터 표정 편집하기

아트보드에 추가한 캐릭터를 클릭하면 왼쪽에 세부 설정 화면이 열리게 됩니다. 첫 번째 [표정] 탭을 선택하면 캐릭터에 설정된 다양한 표정들이 나타나게 되고, 이곳에서 내가 표현하고자 하는 감정을 나타내는 표정을 골라 클릭하면 캐릭터의 표정이 바뀌게 됩니다. 캐릭터마다 조금씩 다르지만 대략 50개 내외의 표정을 제공하고 있으며, 모든 캐릭터마다 표정이 없는 비어있는 얼굴도 있습니다.

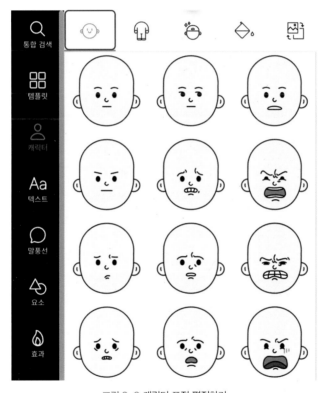

그림 3-3 캐릭터 표정 편집하기

3.3 │ 캐릭터 동작 편집하기

아트보드에 추가된 캐릭터를 클릭하고 왼쪽 세부 설정 화면에서 두 번째 [동작] 탭을 클릭합니다. 아래에 표시되는 동작 조합 중에서 원하는 동작을 찾아 클릭하여 동작을 바꿀 수 있습니다. 동작 조합은 캐릭터마다 조금씩 다르지만 대략 57개 내외를 제공하고 있습니다. 동작 조합에서 원하는 동작이 없다면 [동작 편집]을 클릭하여 왼팔, 오른팔, 다리 동작을 각각 원하는 것으로 선택하여 바꿀 수 있습니다.

왼쪽의 미리보기 화면을 보면서 '왼팔', '오른팔', '다리' 탭을 각각 클릭하여 원하는 동작을 선택하고, 선택이 끝나면 [적용]을 누릅니다.

동작 편집 메뉴에는 [손 추가(🖑)] 버튼이 있는데 왼손 또는 오른손을 하나씩 추가할 수 있는 버튼입니다. 이 버튼을 이용하여 가방이나 마이크, 휴대폰 등 소품을 들고 있는 모습을 보다 자연스럽게 연출할 수 있습니다. 왼쪽의 [요소]에서 소품을 골라 캐릭터 위에 추가하고, 다시 캐릭터를 선택하고 왼쪽 세부 설정 화면의 [동작] 탭에서 [손 추가] 버튼을 클릭해 소품을 들고 있는 쪽의 손을 하나 추가합니다. 새로 추가한 손을 기존 캐릭터의 손과 같은 위치에 겹치게 올려놓고, 레이어의 순서를 '캐릭터 – 소품 – 추가한 손'의 순서로 배치하면 소품이 손 안으로 들어가 자연스럽게 들고 있는 것처럼 연출할 수 있습니다.

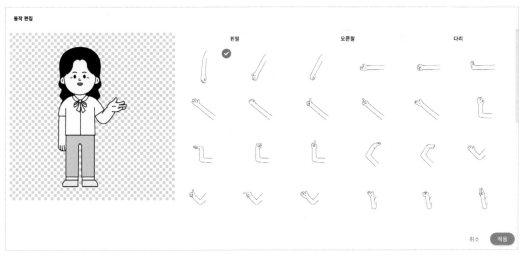

그림 3-4 캐릭터 동작 편집하기

그림 3-5 손 추가를 하지 않고 소품을 추가한 캐릭터(좌)와 소품을 추가한 후 손 추가를 한 캐릭터(우)

3.4 캐릭터 얼굴 편집하기

캐릭터 세부 설정 화면의 세 번째 [얼굴] 탭을 선택하면, 헤어, 모자, 안경 등의 얼굴 효과를 설정하거나 [AI 자동생성] 기능으로 카메라로 촬영한 내 얼굴과 같은 얼굴로 캐릭터를 생성하는 기능을 이용할 수 있습니다.

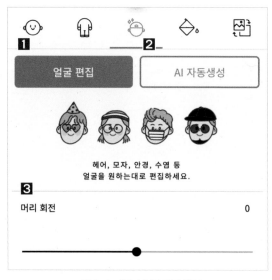

그림 3-6 캐릭터 얼굴 편집 화면

1 얼굴 편집: 캐릭터의 얼굴형, 효과, 앞머리, 뒷머리, 수염, 주름, 안경, 얼굴 용품(마스크, 밴드, 이어폰, 모자이크 효과 등), 헤어 용품(헤어밴드, 모자 등)을 원하는 대로 설정할 수 있는 메뉴입니다.

그림 3-7 캐릭터 얼굴 편집하기

각 탭에서 원하는 설정을 찾아 선택하고, 선택이 끝나면 화면 오른쪽 아래의 [적용]을 클릭합니다. 반대로 내가 선택한 캐릭터에 주름이나 수염, 얼굴 및 헤어 용품 등이 기본 설정되어 있는 경우, 이곳에서 각 탭의 가장 왼쪽 위의 비어있는 곳을 클릭하여 설정된 것을 해제할 수 있습니다.

같은 캐릭터라도 얼굴 편집에 따라 전혀 다른 느낌으로 연출할 수 있으며, 캐릭터마다 얼굴 편집 메뉴에 나타나는 요소들의 구성은 조금씩 다를 수 있습니다.

2 AI 자동생성: AI가 카메라로 촬영한 내 얼굴을 인식하여 자동으로 비슷한 얼굴의 캐릭터를 생성해 주는 기능입니다. 캐릭터 [얼굴] 편집 탭에서 [AI 자동생성]을 클릭하고 카메라 사용 여부를 묻는 팝업에서 [허용]을 클릭합니다.

그림 3-8 카메라 사용 허용하기

웹캠을 통해 비춰지는 화면에 표시된 동그란 원 안에 얼굴을 맞추고 표정을 지은 뒤 아래의 카메라 버튼 (⊙)을 클릭하여 촬영하면, AI가 분석하여 생성한 캐릭터의 표정과 얼굴이 나타납니다. 닮은 꼴 캐릭터를 그대로 적용하려면 '적용'을 클릭하고 다시 시도하려면 왼쪽의 취소 버튼을 클릭합니다. 미리 촬영한 사진을 업로드 하려면 오른쪽 업로드 버튼(⊕)을 클릭하고 촬영해 둔 사진 파일을 선택합니다. 사진 파일 속 얼굴을 분석하여 캐릭터의 표정과 얼굴을 생성해 줍니다.

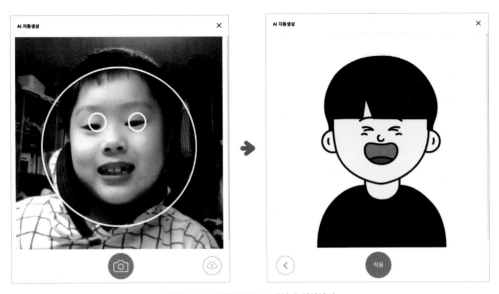

그림 3-9 AI 자동생성으로 캐릭터 편집하기

3 머리 회전: 캐릭터의 머리 기울이기 각도를 조절할 수 있는 기능입니다. 오른쪽 숫자가 0일 때 머리가 가운데에 위치하게 되며 아래 조절 바를 드래그하여 왼쪽(-20까지), 오른쪽(20까지)으로 원하는 만큼 머리를 기울일 수 있습니다.

3.5 | 캐릭터 색상 편집하기

캐릭터를 선택하고 왼쪽 세부 설정 화면에서 [색상] 탭을 선택하면, 캐릭터의 '피부', '눈, 코, 입', '헤어', '상의', '하의', '신발' 등의 색상을 원하는 대로 변경할 수 있습니다. 캐릭터마다 변경할 수 있는 색상 목록이 조금씩 다를 수 있으며, 캐릭터에 얼굴 효과가 적용된 경우, 적용된 효과의 색상도 변경할 수 있습니다. 입고 있는 옷이나 신발에 2가지 이상이 사용된 경우 각각의 색상을 따로 따로 변경할 수도 있습니다.

그림 3-10 캐릭터 색상 편집 탭

목록에서 오른쪽 색상 부분을 클릭하면 색상 선택 화면이 열리게 되는데, 위쪽 컬러 피커에서 원하는 색을 선택하거나 색상 코드를 입력하여 선택할 수도 있습니다. 컬러 피커 바로 아래에는 최근에 사용한 색상들이 표시되며 가운데 부분에는 자주 사용되는 색상 팔레트가 있어 빠르게 색상을 선택할 수 있습니다. 자주 사용하는 색상의 경우에는 색상을 선택한 상태에서 아래쪽 내 색상 옆 [+] 버튼을 클릭하여 저장해 두고 바로 클릭하여 사용할 수 있습니다. 내 색상 옆 연필 모양 버튼(✏)은 내 색상을 편집할 때 사용하는 버튼입니다.

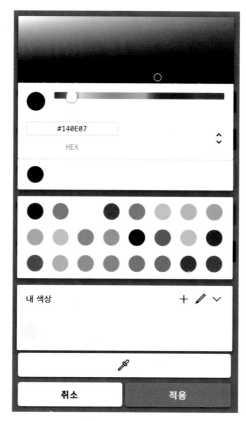

그림 3-11 색상 선택 화면

또한 맨 아래에 있는 색상 스포이드(💉)를 사용하여 아트보드에 사용된 색상과 동일한 색상을 선택하여 이용할 수 있습니다. 스포이드를 클릭하면 색상 추출 화면이 열리는데 이때 마우스 커서를 추출할 색상이 있는 곳에 가져간 뒤 클릭하면 바로 해당 색상으로 변경됩니다.

색상 추출   취소 적용

#F4F9F9

R244 G249 B249

그림 3-12 색상 스포이드 사용하기

색상을 선택하는 화면은 캐릭터 뿐만 아니라 요소, 효과, 배경 등 색상을 선택하는 메뉴에서는 모
두 동일하게 나타납니다.

3.6 이미지로 변환하기

캐릭터를 선택하고 [이미지 변환]을 클릭하면 캐릭터가 한 장의 이미지로 변환되어 여기에 여러 가지 효과를 적용할 수 있습니다. 단, 이미지로 변환된 캐릭터는 표정, 동작 등을 편집할 수 없기 때문에 편집이 모두 끝난 후에 필요에 따라 이미지로 변환하는 것이 좋습니다.

그림 3-13 캐릭터를 이미지로 변환하기

변환한 이미지를 클릭하고 왼쪽 [필터] 탭에서 이미지에 7가지의 필터를 적용할 수 있습니다. [세부조정] 탭을 클릭하여 이미지의 투명도, 블러, 그림자, 밝기, 대비, 채도, 컬러톤을 조절할 수 있습니다.

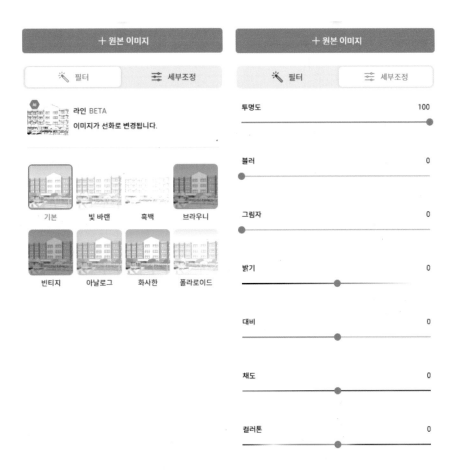

그림 3-14 이미지 효과 적용하기

이미지로 변환한 캐릭터를 다시 편집할 수 있도록 되돌리려면 위쪽에 있는 [+ 원본 이미지] 버튼을 클릭합니다. 그러면 다시 편집이 가능한 이미지 변환 전의 원본 이미지가 아트보드에 새롭게 추가됩니다.

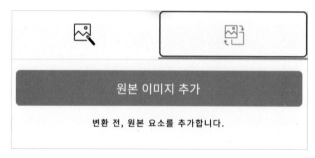

그림 3-15 원본 이미지 추가하기

이미지 변환 탭은 캐릭터 메뉴뿐만 아니라 요소, 효과, 배경 등에서도 동일하게 나타나며 효과 적용 및 원본 이미지 추가 역시 똑같이 제공됩니다.

투닝 말풍선 &
텍스트 사용법

웹툰에서 인물의 대사와 장면에 대해 설명하는 부분은 말풍선과 텍스트로 표현됩니다. 투닝은 웹툰 창작에 특화된 도구인만큼 다양한 형태의 말풍선과 여러 가지 폰트의 텍스트를 제공하고 있습니다. 또한 입력한 텍스트의 내용을 AI가 분석하여 내용에 맞도록 캐릭터의 표정과 동작을 설정해주는 '텍스트 AI 연출' 기능도 제공하고 있습니다. 이번 장에서는 투닝에서 말풍선과 텍스트를 추가하고 편집하는 방법, 그리고 텍스트 AI 연출하기 기능을 하나씩 알아보겠습니다.

4.1 말풍선 추가 & 편집하기

[말풍선] 메뉴에서는 작품의 내용과 상황에 어울릴 수 있는 다양한 모양의 말풍선을 제공하고 있습니다. 말풍선에 대사를 입력하려면, 먼저 말풍선을 추가한 후 말풍선 레이어 위에 텍스트를 추가해야 합니다.

말풍선 추가하기

아트보드에 말풍선을 추가하려면 왼쪽 메뉴 중 [말풍선]을 클릭합니다. 말풍선 카테고리로는 '기본', '속마음', '큰 목소리', '구름', '부정', '카드 뉴스', '손그림', '인용', '전화', '효과'가 있는데, 각 카테고리명 옆 [더보기]를 클릭하면 더 많은 말풍선을 고를 수 있습니다. 마음에 드는 모양의 말풍선을 골라 클릭하면 아트보드에 추가됩니다.

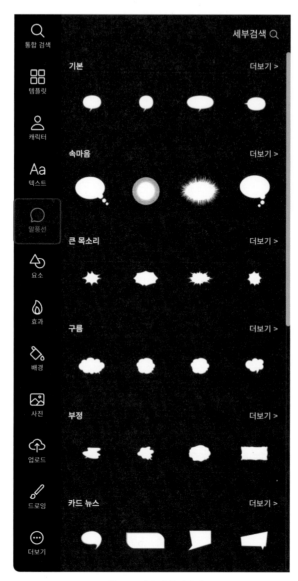

그림 4-1 말풍선 추가하기

말풍선 편집하기

아트보드에 추가한 말풍선을 클릭하고 원하는 곳으로 드래그하여 위치를 이동할 수 있습니다. 또한 말풍선을 클릭했을 때 나타나는 8개의 핸들을 클릭한 채로 드래그하여 말풍선의 크기를 조절합니다. 말풍선을 클릭했을 때 말풍선의 가운데 위쪽에 나타나는 핸들을 좌, 우로 드래그하여 말풍

선의 각도를 조절합니다. 말풍선의 면색과 선색, 선 두께 등은 말풍선을 선택했을 때 화면 왼쪽에
나타나는 세부 설정 화면에서 조절할 수 있습니다.

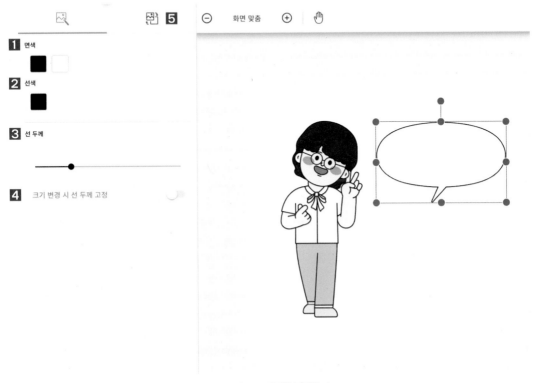

그림 4-2 말풍선 편집하기

1 **면색**: 말풍선 안쪽 면의 색상을 원하는 것으로 변경할 수 있습니다.

2 **선색**: 말풍선 테두리 선의 색상을 원하는 것으로 변경할 수 있습니다.

※ 색상을 변경하는 방법은 [PART 3.5 캐릭터 색상 편집하기]와 같은 방법입니다.

3 **선 두께**: 말풍선 테두리 선의 두께를 조절할 수 있습니다. 아래 조절 바를 왼쪽으로 드래그 할 수록
선이 얇아지며, 오른쪽으로 드래그 할수록 선이 두꺼워집니다. 테두리 선을 없애고 싶다면 선 두께
조절 바를 왼쪽 끝으로 조절하면 됩니다.

4 **크기 변경 시 선 두께 고정**: 크기 변경 시 선 두께 고정이 해제된 상태에서는 선의 두께가 말풍선의
크기와 같은 비율로 확대 또는 축소 됩니다. 따라서 말풍선의 크기와 상관 없이 선 두께를 고정하
고 싶다면 '크기 변경 시 선 두께 고정'을 활성화 상태로 설정해야 합니다.

5 이미지 변환: 편집이 끝난 말풍선을 한 장의 이미지로 변환하려면 [이미지 변환]을 클릭합니다. 이미지 변환 후에는 말풍선 이미지에 투명도, 블러, 그림자, 필터 등을 적용할 수 있지만, 말풍선의 면색, 선색, 선 두께는 더 이상 조절할 수 없습니다. 말풍선을 다시 편집할 수 있는 상태로 되돌리려면 [원본 이미지 추가]를 클릭합니다.

※ 이미지 변환 및 효과 적용, 원본 이미지 추가는 [PART 3.6 이미지로 변환하기]와 같은 방법입니다.

말풍선의 꼬리 방향을 조절하려면 말풍선을 클릭한 후 아트보드 위쪽 메뉴 중 '뒤집기' 버튼을 클릭하여 '수평 뒤집기' 또는 '수직 뒤집기' 하여 원하는 방향으로 꼬리가 향하게 조절합니다.

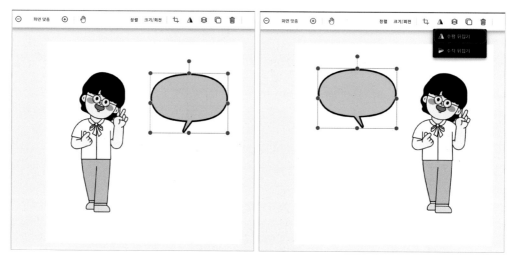

그림 4-3 말풍선 꼬리가 왼쪽인 경우(좌)와 말풍선 꼬리가 오른쪽이 되도록 수평 뒤집기 한 경우(우)

4.2 텍스트 추가 & 편집하기

말풍선 위에 대사를 입력하려면 왼쪽 메뉴에서 [텍스트]를 선택하고 텍스트를 추가하여 내용을 입력합니다. 말풍선과 텍스트를 각각 추가하지 않고 한 번에 추가하여 편집하려면 [텍스트] 메뉴에서 '말풍선체'나 '나레이션'을 선택하여 추가한 뒤 텍스트의 내용만 바꾸어 입력할 수도 있습니다. 또한 [텍스트] 메뉴에서는 다양한 효과음과 상태를 표현하는 텍스트도 제공하고 있어 장면의 분위기나 상황을 효과적으로 표현할 수 있습니다.

텍스트 추가 및 입력하기

아트보드에 텍스트를 추가하려면 왼쪽 메뉴에서 [텍스트]를 클릭합니다. 맨 위의 [텍스트 추가]를 클릭하면 빈 텍스트 상자가 추가됩니다.

그림 4-4 텍스트 메뉴

아트보드에 추가된 텍스트 상자를 클릭하면 아래쪽에 [AI(Ai)] 버튼과 [키보드 모양 (⌨)] 버튼이 있는데, [AI] 버튼은 텍스트 AI 연출 버튼이며 [키보드] 버튼은 텍스트 상자에 내용을 입력할 때 사용하는 버튼입니다. [키보드] 버튼을 누르지 않고 '글자를 입력해 주세요' 부분을 마우스로 더블클릭해도 내용을 입력할 수 있습니다. 텍스트 상자에 내용을 입력한 후 다시 아래쪽 [핸들 모양(⌨)] 버튼을 클릭하면 텍스트 상자가 선택되고 왼쪽에 텍스트 세부 설정 메뉴가 열리게 됩니다.

그림 4-5 아트보드에 추가된 텍스트 상자 (좌:텍스트 상자 선택 상태, 우: 텍스트 내용 입력 상태)

텍스트 메뉴에서 '말풍선체'와 '나레이션' 카테고리 중에서 원하는 것을 골라 클릭하면 말풍선과 텍스트가 함께 추가됩니다. 말풍선과 텍스트를 따로 따로 고르지 않고 한 번에 추가할 수 있어 보다 빠르게 편집 작업을 할 수 있습니다. 텍스트 추가와 마찬가지로 아트보드에 추가된 텍스트의 내용을 바꾸어 입력할 때는 텍스트 부분을 마우스로 더블클릭하면 됩니다. 인물의 대사를 입력할 때는 '말풍선체' 중에서, 상황에 대한 설명이나 제목, 카드뉴스 등의 내용을 입력할 때는 '나레이션' 중에서 고르는 것이 좋습니다.

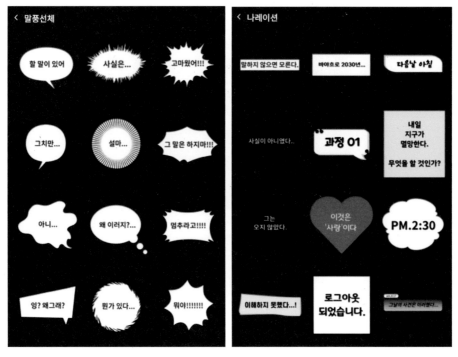

그림 4-6 텍스트 메뉴 중 말풍선체와 나레이션

텍스트 메뉴에서 추가할 수 있는 효과음의 카테고리는 '충돌 효과음', '인물 행동(액션)', '인물 행동 (일상)', '인물 상태', '인물 소리(일상)', '인물 소리(긍정)', '인물 소리(부정)', '사물 상태', '사물 소리 (일상)'이 있으며 각 카테고리명 옆 [더보기]를 클릭하면 더 많은 효과음 텍스트를 볼 수 있습니다. 원하는 효과음을 클릭하면 아트보드에 바로 추가되며, 텍스트 상자와 같은 방법으로 위치, 크기, 각도를 조절할 수 있습니다.

효과음 텍스트는 대부분 텍스트와 텍스트, 텍스트와 효과, 텍스트와 요소가 그룹화 된 상태이기 때문에 효과음 텍스트의 내용을 수정하고 싶다면 먼저 추가한 효과음 텍스트를 클릭하고 왼쪽 세부 설정 화면에서 [그룹화 해제]를 클릭해야 합니다. 그룹화 해제 후 텍스트의 내용이나 세부 설정을 수정할 수 있고, 함께 추가된 요소나 효과 등의 설정도 수정할 수 있습니다.

그림 4-7 효과음 텍스트 그룹화 해제하기

텍스트 편집하기

아트보드에 추가한 텍스트를 클릭한 채로 드래그하여 원하는 곳으로 위치를 이동합니다. 또한 텍스트 상자를 클릭했을 때 나타나는 6개의 핸들을 클릭한 채로 드래그하여 텍스트 상자의 크기를 조절할 수 있습니다. 텍스트 상자의 위쪽 가운데에 있는 핸들을 클릭한 채로 좌, 우로 드래그하여 텍스트 상자의 각도를 조절할 수 있습니다.

그림 4-8 텍스트 상자의 크기 및 각도 조절 핸들

텍스트 상자를 클릭하면 화면 왼쪽에 세부 설정 화면이 나타나는데 이곳에서 텍스트의 폰트, 크기
등 여러 가지 설정과 효과를 적용할 수 있습니다.

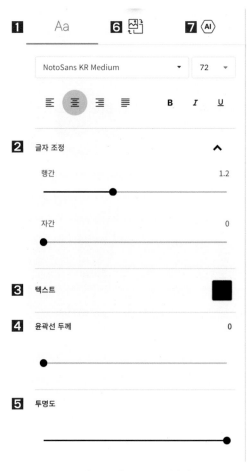

그림 4-9 텍스트 세부 설정 화면

1 텍스트 탭: 텍스트 탭에서 폰트, 크기, 정렬, 굵게, 기울이기, 밑줄 등을 설정할 수 있습니다.

2 글자조정: 글자조정 옆 화살표를 클릭하면 행간(줄 간격)과 자간(글자 간격)을 조절할 수 있는 바가 나타납니다. 가독성을 위해 적당한 행간과 자간 조절이 꼭 필요합니다.

3 텍스트 색상 선택: 텍스트 옆 색상 선택 버튼을 눌러 텍스트의 색상을 원하는 대로 변경합니다.

4 윤곽선 두께: 윤곽선 두께가 0인 경우 윤곽선이 없는 상태이며, 윤곽선 조절 바를 오른쪽으로 드래그할수록 윤곽선의 굵기가 점점 굵게 나타납니다. 윤곽선 굵기를 설정하면 윤곽선 색상 선택 탭이 나타납니다.

5 투명도: 텍스트의 투명도를 조절할 수 있습니다. 100으로 설정된 상태가 불투명한 상태이며, 투명도 조절 바를 왼쪽으로 드래그할수록 텍스트가 점점 투명해 집니다.

6 이미지 변환: 텍스트의 편집이 끝난 후, 텍스트 상자를 한 장의 이미지로 변환해 주는 버튼입니다. 이미지 변환 및 효과 적용, 원본 이미지 추가 등은 [PART 3.6 이미지로 변환하기(pp. 88~90)]와 동일한 방법입니다.

7 텍스트 AI 연출 선택 탭: 한 페이지에 캐릭터가 1개 이상인 경우 텍스트 AI 연출 기능을 어떤 캐릭터에 적용할 것인지를 선택하는 탭입니다. 텍스트 AI 연출 기능을 적용할 캐릭터 옆 [적용] 버튼을 클릭하거나 아래 쪽의 [모두 적용]을 클릭하여 모든 캐릭터에 똑같이 텍스트 AI 연출 기능을 적용할 수 있습니다.

그림 4-10 텍스트 AI 연출 선택 탭

텍스트 편집이 끝나면 아트보드의 말풍선과 텍스트를 마우스로 함께 드래그 또는 키보드의 Shift 키를 누른 채로 클릭하여 동시에 선택한 뒤 왼쪽 세부 설정 화면에서 '그룹화'를 해 두면 하나의 콘텐츠 요소처럼 편집할 수 있어 편리합니다. 단, 말풍선과 텍스트를 그룹화하면 텍스트의 내용을 수정하거나 텍스트 상자를 편집할 수 없으므로, 편집이 모두 끝난 후에 그룹화를 하는 것이 좋습니다.

그림 4-11 말풍선과 텍스트 그룹화하기

또한 말풍선과 텍스트를 여러 개 추가하다보면 텍스트가 말풍선 아래로 내려가 보이지 않는 경우가 생길 수 있습니다. 그럴 때는 아트보드 위쪽 메뉴에서 [레이어]를 클릭하고 말풍선 레이어가 텍스트 레이어 아래 쪽에 위치하도록 레이어의 순서를 조절해야 합니다.

그림 4-12 말풍선 위에 텍스트가 표시되도록 레이어 순서를 설정한 상태

4.3 | 텍스트 AI 연출하기

텍스트 AI 연출하기 기능은 입력한 텍스트의 내용을 AI가 분석하여 캐릭터의 표정과 동작을 텍스트의 내용과 어울리도록 자동으로 바꾸어 주는 기능입니다. 이 기능을 이용하여 캐릭터의 편집을 보다 빠르고 편리하게 할 수 있습니다.

텍스트 AI 연출 기능을 이용하려면,

1. 먼저 아트보드에 캐릭터가 있는 상태에서 텍스트를 추가하고 내용을 입력합니다.

2. 내용을 입력한 후 다시 텍스트 상자를 클릭하여 아래쪽에 나타나는 주황색 'AI' 버튼을 클릭합니다.

3. AI가 텍스트 내용을 분석하여 캐릭터의 표정과 동작을 바꾸어 줍니다.

그림 4-13 텍스트 AI 연출 기능 사용하기

텍스트 AI 연출 기능은 주로 감정을 표현하는 단어(예 : 행복하다, 무섭다, 배고프다, 슬프다 등)를 간결하게 입력했을 때 좋은 결괏값이 나타납니다. 따라서 먼저 각 페이지에서 캐릭터가 표정과 동작으로 표현할 감정만을 텍스트로 입력한 뒤 텍스트 AI 연출 기능을 적용하고, 표정과 동작이 연출된 이후 실제 전달할 대사를 텍스트 상자에 수정, 입력하는 것도 하나의 방법이 됩니다.

투닝 배경 사용법

투닝에서는 포스터, 카드뉴스 등의 배경으로 활용할 수 있는 단색 배경이나 카드뉴스 배경, 그라데이션 배경뿐만 아니라 웹툰에서 특정한 장소를 배경으로 설정할 때 활용할 수 있는 집, 사무실, 학교 등의 다양한 배경을 제공하고 있습니다. 이러한 배경을 이용하여 작품을 보다 생생하게 표현할 수 있습니다.

5.1 배경 추가하기

아트보드에 배경을 추가하려면 왼쪽 메뉴에서 [배경]을 클릭합니다. 배경에는 무료로 이용할 수 있는 '투닝(Tooning)' 배경과 유료로 결제해야 워터마크 없이 이용할 수 있는 '작가(Contributor)' 배경이 있는데, 2022년 6월 현재는 '투닝' 배경만 이용할 수 있으며 '작가' 배경은 추후 업데이트 예정입니다. [투닝] 배경 탭을 선택하고 아래의 카테고리를 살펴보며 원하는 배경을 찾아보거나 [세부검색]을 클릭하고 배경의 키워드를 입력하여 원하는 배경을 검색하는 방법이 있습니다.

그림 5-1 배경 메뉴(좌) 및 배경 세부 검색하기(우)

원하는 배경을 클릭하면 아트보드에 바로 추가되는데, 배경의 경우 대부분 정사각형 형태의 1080×1080px 크기이기 때문에 아트보드가 직사각형 형태의 프레젠테이션이나 유튜브 썸네일, A4 문서나 A3 포스터 등인 경우 배경이 아트보드의 가로 길이에 맞게 추가됩니다.

아트보드의 기본 바탕은 흰색이지만 흰색의 배경 레이어가 설정된 상태는 아닙니다. 따라서 배경 레이어가 없는 기본 바탕의 상태에서는 작품을 다운로드 할 때 '투명 배경'을 설정하면 배경 없이 콘텐츠 요소만 다운로드 할 수 있게 되는 것입니다. (투명 배경으로 다운로드 하는 방법은 [PART 2.2에서 다루는 편집툴 둘러보기(pp. 63)]를 확인해 주세요.)

단색의 배경을 추가하려면 먼저 배경 메뉴에서 기본 배경의 가장 첫 번째에 있는 단색 배경을 클릭하여 아트보드에 추가하고, 추가된 단색 배경을 클릭하여 왼쪽 세부 설정 화면에서 면색을 원하는 색상으로 변경하면 됩니다.

그림 5-2 단색 배경 설정하기

배경을 선택하기 위해 배경 메뉴에서 여러 번 클릭하여 추가한 경우, 이전에 추가한 배경이 삭제되지 않고 계속 누적하여 새로운 배경이 추가됩니다. 아래에 가려진 배경을 삭제하려면 아트보드 위 [레이어] 메뉴를 클릭하여 불필요한 배경 레이어를 선택하고 삭제해야 합니다.

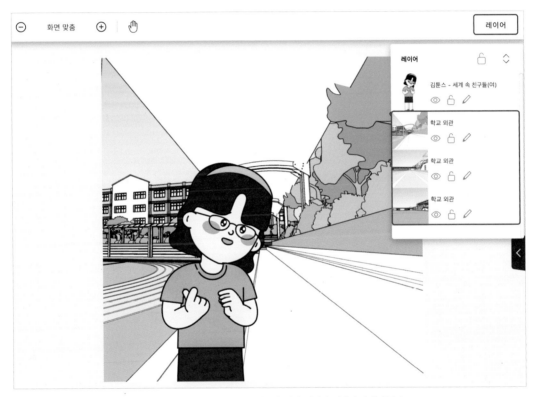

그림 5-3 레이어 목록에서 불필요한 배경 레이어 선택하여 삭제하기

5.2 배경 편집하기

아트보드에 추가한 배경을 클릭한 채로 드래그하여 위치를 알맞게 조정할 수 있습니다. 앞서 설명한 대로 아트보드가 직사각형인 경우 배경을 위, 아래로 드래그하여 원하는 배경 부분이 아트보드에 표시되도록 위치를 조정하여 이용해야 합니다. 배경을 클릭했을 때 나타나는 8개의 핸들을 클릭한 채로 드래그하여, 크기를 확대 또는 축소하여 이용할 수 있습니다. 아트보드 밖 여백까지도 확대가 가능하기 때문에 이 방법으로 배경 이미지 중 일부만 확대하여 배경으로 이용할 수도 있습니다. 배경의 위쪽 가운데에 있는 핸들은 각도를 조절할 수 있는 핸들입니다.

그림 5-4 직사각형의 아트보드에서 배경 위치 조정하기

아트보드에 추가한 배경을 클릭하면 왼쪽 세부 설정 화면이 나타납니다. 이곳에서 배경에 투명도, 블러, 그림자, 필터 효과 등을 적용할 수 있습니다. 각 효과를 적용하는 방법은 [PART 3.6 이미지로 변환하기(pp. 88~90)]에서 이미지에 효과를 적용하는 방법과 동일합니다.

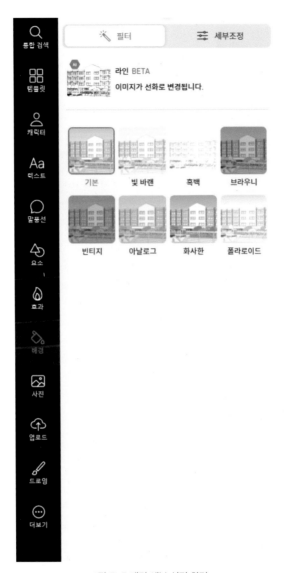

그림 5-5 배경 세부 설정 화면

또한 배경 중에는 배경 이미지와 콘텐츠 요소가 그룹화된 것도 있습니다. 이 경우 배경에 효과를 적용하거나 배경을 자르기 할 수 없습니다. 따라서 배경 중 클릭했을 때 왼쪽 세부 설정 화면에 '그룹화 해제'가 나타나는 경우, 먼저 그룹화 해제 후 편집 작업을 해야 합니다.

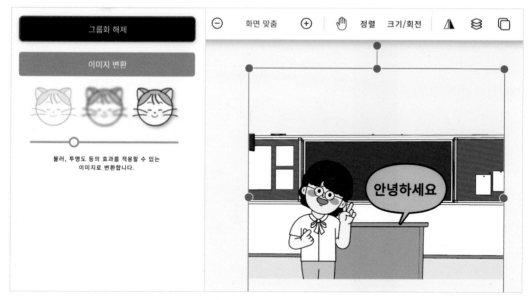

그림 5-6 배경 그룹화 해제하기

이때, 배경에 포함된 콘텐츠 요소와 캐릭터의 레이어 순서를 조절하여 요소와 캐릭터가 자연스럽게 어우러지도록 연출할 수 있습니다. 예를 들어 아래와 같이 교실 배경과 교탁 요소가 그룹화 된 배경의 경우, 그룹화 해제 후 레이어 버튼을 클릭하여 아래에서부터 위로 '교실 배경 - 캐릭터 - 교탁 요소' 순이 되도록 하면 캐릭터가 교탁 안에 들어간 것처럼 자연스럽게 연출할 수 있습니다.

그림 5-7 배경과 요소, 캐릭터 레이어 조정하기

한편, 배경에 책상이나 테이블 등이 포함되어 있을 때 캐릭터가 배경의 책상이나 테이블에 앉아 있는 것처럼 연출하려면 배경 위에 캐릭터를 추가한 뒤 아트보드 위 메뉴에서 '자르기'를 클릭합니다. 캐릭터의 책상 위 부분을 남기고 아래 부분을 자르기 하면 배경의 책상에 앉아있는 것과 같은 장면을 연출할 수 있습니다.

그림 5-8 캐릭터 자르기로 책상이 있는 배경에 앉아있는 장면 연출하기

또한 직사각형 형태의 아트보드에 정사각형 형태의 배경이 꽉 차게 배치하고 싶은 경우 같은 배경을 1개 추가하여 한쪽 면을 채우고(그림 5-9) 같은 배경을 다시 1개 추가한 뒤 클릭하여 '수평 뒤집기' 한 뒤 아트보드의 나머지 비어있는 부분을 채워 한 장의 배경처럼 연출할 수 있습니다(그림 5-10). 다만, 이 경우 수평 뒤집기를 했을 때 배경이 자연스럽게 이어질 수 있는 형태의 배경을 고르는 것이 좋으며, 두 개의 배경을 이어붙인 경계선 부분 위에 캐릭터나 다른 콘텐츠 요소를 배치하여 경계선을 자연스럽게 가릴 수 있습니다.

그림 5-9 직사각형 아트보드에 정사각형의 '학교 분리수거장' 배경을 추가한 상태

그림 5-10 같은 배경을 수평 뒤집기하여 나머지 한쪽 면을 채운 상태

그리고 배경 역시 다른 콘텐츠 요소와 마찬가지로 선택한 후 아트보드 위 메뉴에서 '자르기'를 이용할 수 있습니다. 이 방법을 이용하여 배경에 사용된 벽이나 건물 등의 일부분만 자르기 하여 사용할 수 있습니다.

그림 5-11 학교 분리수거장 배경에서 벽 부분만 자르기하여 연속 배치한 상태

투닝 요소, 효과,
사진 사용법

투닝에서는 웹툰 창작에 필요한 다양한 요소, 효과, 사진을 클릭만으로 추가하고 편집할 수 있습니다. 이번 장에서는 요소, 효과, 사진을 추가하고 편집하는 방법, 그리고 내 사진을 업로드하여 사용하는 방법과 투닝에 직접 그린 그림을 추가하는 방법을 하나씩 살펴보겠습니다.

6.1 요소 추가 및 편집하기

편집툴 왼쪽 메뉴 중 [요소]에서는 웹툰을 만들 때 필요한 가구, 음식, 소품 등과 군중을 표현할 때 필요한 엑스트라, 카드 뉴스나 포스터 제작에 필요한 도형, 라인, 리본 등을 이용할 수 있습니다. [요소]에도 무료로 이용할 수 있는 '투닝(Tooning) 요소'와 유료로 결제해야 워터마크 없이 이용할 수 있는 '작가(Contributor) 요소' 탭이 있는데 현재는 '투닝 요소'만 이용 가능하며 '작가 요소'는 업데이트 예정입니다.

아트보드에 요소를 추가하려면 왼쪽 메뉴에서 [요소]를 클릭하고, '도형', '라인', '일반인 엑스트라', '학생', '가방', '강아지', '고양이', '얼굴 스티커' 등의 다양한 카테고리에 속한 여러 요소를 살펴보며 원하는 요소를 찾을 수 있습니다. 또는 맨 위의 [세부검색]을 클릭한 뒤 찾고자 하는 요소의 키워드를 입력하여 필요한 요소를 찾을 수 있습니다. 선택한 요소를 클릭하면 아트보드에 추가됩니다.

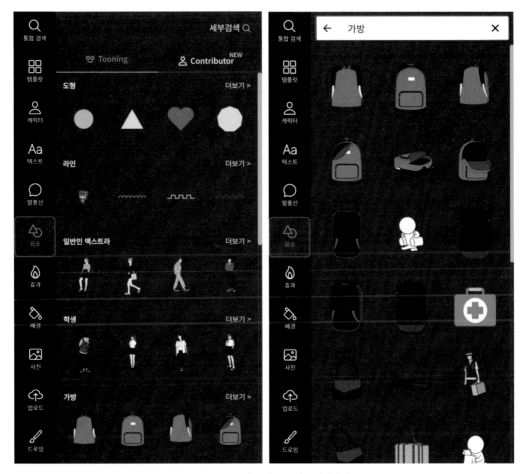

그림 6-1 요소 메뉴 및 요소 세부 검색하기

요소 중 '엑스트라' 요소를 이용하면 다양한 옷차림과 각도의 캐릭터를 빠르게 추가할 수 있습니다. 단, '엑스트라' 요소는 캐릭터의 표정이 없으며 동작, 얼굴 등을 편집할 수 없고 면색과 선색, 선 두께만 편집하여 이용할 수 있습니다.

그림 6-2 엑스트라 요소를 이용하여 연출한 장면

아트보드에 추가한 요소는 다른 콘텐츠 요소와 마찬가지로 클릭한 채로 드래그하여 위치를 이동하고, 8개의 핸들과 위쪽 가운데 핸들을 이용하여 크기와 각도를 조절할 수 있습니다. 아트보드에서 요소를 클릭하면 왼쪽 세부 설정 화면이 열리는데, 이곳에서 요소의 면색과 선색을 변경할 수 있고 선 두께를 조절할 수 있습니다. 요소의 크기가 변경되더라도 선 두께를 일정하게 고정하고 싶다면 '크기 변경 시 선 두께 고정'을 설정하면 됩니다. [이미지 변환] 탭을 클릭하여 요소를 한 장의 이미지로 변환하여 투명도, 블러, 그림자 등의 효과를 적용할 수 있습니다. 요소의 세부 설정 화면은 다른 콘텐츠 요소와 동일합니다.

그림 6-3 요소 세부 설정

6.2 | 효과 추가 및 편집하기

[효과] 메뉴에서는 웹툰에서 장면의 분위기를 표현해 주고 장면을 강조해 주는 여러 가지 효과들을 살펴보고 작품에 추가할 수 있습니다.

그림 6-4 효과 메뉴

인물들 간의 갈등 장면을 표현하거나 인물이 부상을 당하는 장면, 요소들이 충돌하는 장면 등을 표현할 때는 '싸움효과'를, 인물이 등장하는 장면을 강조하거나 주인공을 표현할 때 또는 장면에 반짝이는 효과를 추가하고 싶을 때는 '긍정효과'나 '샤방효과'를 사용할 수 있습니다. 특정 장면이나 인물에 시선을 집중시키고 싶을 때는 '집중선'을, 어두운 분위기의 장면을 표현하고자 할 때는 '부정효과'를 사용할 수 있습니다. 이 외에도 인물의 다양한 반응과 감정을 표현할 때는 '반응효과'나 '부분 효과'를, 물이 튀거나 흐르는 효과는 '물효과', 불이 나는 장면은 '불효과'를 사용하여 연출할 수 있습니다.

원하는 효과를 찾아 클릭하면 아트보드에 추가되며, 추가된 효과를 클릭하면 다른 콘텐츠 요소와 같은 방법으로 마우스로 드래그하여 위치를 이동하고 핸들을 이용하여 크기와 각도 조절을 할 수 있습니다. 또한 효과를 클릭했을 때 나타나는 왼쪽 세부 설정에서 면색, 선색, 선 두께를 변경할 수 있으며 이미지 변환도 가능합니다.

6.3 | 사진 추가 및 편집하기

저작권 없이 이용할 수 있는 Pixabay (www.pixabay.com)의 사진들을 투닝의 [사진] 메뉴에서 바로 검색하고 작품에 추가할 수 있습니다. 왼쪽 [사진] 메뉴에서 [세부검색]을 클릭하여 찾고자 하는 사진의 키워드를 입력해 검색하고, 원하는 사진을 클릭하면 아트보드에 바로 추가됩니다.

그림 6-5 사진 메뉴에서 검색하기

아트보드에 추가된 사진을 클릭하면 다른 콘텐츠 요소와 같은 방법으로 위치 이동, 크기 및 각도 조절이 가능하며, 왼쪽 세부 설정 화면에서 투명도, 블러, 그림자, 필터 효과 등을 적용할 수 있습니다.

사진을 추가한 후 아트보드의 크기에 맞게 확대하여 사진을 작품의 배경으로 활용할 수도 있는데, 이때는 사진 위의 캐릭터나 텍스트 등이 잘 보일 수 있도록 사진의 투명도를 조절하는 것이 좋습니다.

그림 6-6 사진을 배경으로 활용하기

6.4 내 사진 업로드하기

투닝에 내 컴퓨터의 사진을 업로드하여 작품에 추가할 수 있습니다. 내 컴퓨터에 있는 사진 파일을 클릭한 채로 투닝의 아트보드 위에 드래그 앤 드롭하거나, 내 컴퓨터에 있는 사진을 클릭하고 복사(Ctrl+C)하고 아트보드를 클릭한 뒤 붙여넣기(Ctrl+V)하면 사진이 바로 작품에 추가됩니다.

또는 투닝 편집툴 왼쪽 메뉴 중 [업로드]를 선택하고 [내 사진 불러오기]를 클릭한 뒤 파일 탐색기에서 사진 파일을 선택하면 내 사진이 투닝에 업로드 되는데, 아래에서 업로드 한 사진을 클릭하면 작품에 추가됩니다. 이곳에 한 번 업로드 한 사진은 다른 작품에서도 바로 클릭하여 추가할 수 있습니다.

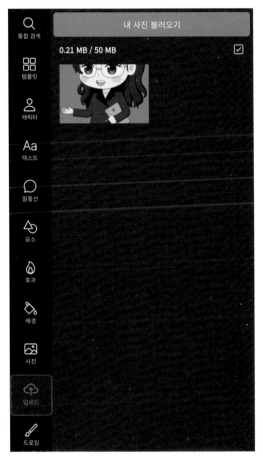

그림 6-7 업로드 메뉴

투닝에 내 사진을 업로드할 수 있는 용량은 무료 버전의 경우 총 50MB, 유료 및 교육용 버전은 총 1GB입니다. 용량 표시 옆 체크박스를 클릭하면 업로드한 사진을 선택하여 삭제할 수 있습니다.

그림 6-8 업로드 한 사진 삭제하기

작품에 추가한 내 사진을 클릭하여 다른 콘텐츠 요소와 같은 방법으로 편집할 수 있으며, 왼쪽 세부 설정 화면에서 투명도, 블러, 그림자, 필터 효과를 적용할 수 있습니다.

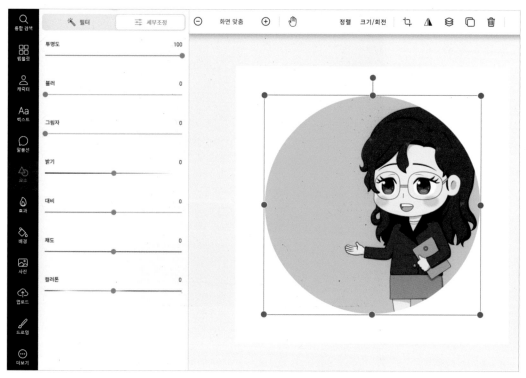

그림 6-9 업로드한 내 사진에 효과 적용하기

6.5 드로잉 추가하기

투닝에서는 직접 그림을 그려 작품에 바로 추가할 수 있는 '드로잉' 기능을 제공하고 있습니다. 이 기능을 이용하여 투닝에 없는 콘텐츠 요소를 직접 그려 추가하거나 자신만의 서명을 그려 작품에 추가할 수 있습니다.

투닝 편집툴 왼쪽 메뉴에서 [드로잉]을 선택하고 드로잉 생성을 클릭하면 그림을 그릴 수 있는 드로잉 화면이 열립니다.

그림 6-10 드로잉 화면

드로잉 화면에서 왼쪽 '연필'을 선택하고 아래 굵기 조절 바에서 원하는 선의 굵기를 설정합니다. 색상 피커에서 드로잉을 할 색상을 선택한 뒤 오른쪽 드로잉 영역에서 마우스를 클릭한 채로 움직여 그림을 그립니다. 그림을 지우고 싶을 때는 왼쪽에서 '지우개'를 선택한 뒤 마찬가지로 마우스를 클릭한 채로 움직여 그린 그림을 지우거나 '실행취소' 합니다. 그림을 다 그린 후에는 오른쪽 아래의 [적용]을 눌러 작품에 드로잉을 추가합니다.

아트보드에 추가된 드로잉은 하나의 이미지 요소로
인식되어 다른 콘텐츠 요소와 같은 방법으로 위치 이
동, 크기 및 각도 조절, 투명도, 블러, 그림자, 필터
효과 적용이 가능하며, '드로잉' 메뉴에 저장되기 때
문에 다른 작품에서도 언제든지 추가할 수 있습니다.
또한 '드로잉' 메뉴에서 '드로잉 생성' 아래에 있는 체
크박스를 클릭하여 저장된 드로잉을 삭제할 수 있습
니다.

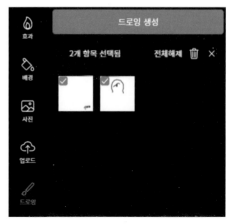

그림 6-11 드로잉 삭제하기

아트보드에 다른 콘텐츠 요소가 있는 채로 드로잉 생성을 클릭하면 콘텐츠 요소가 배치된 화면
위에 드로잉을 그릴 수 있습니다. 이를 이용하여 내 사진을 업로드 하여 아트보드에 추가한 뒤 투
명도를 낮추고, 드로잉 생성을 클릭하여 내 사진의 선을 따라 그리는 '라인 드로잉'을 할 수도 있
습니다.

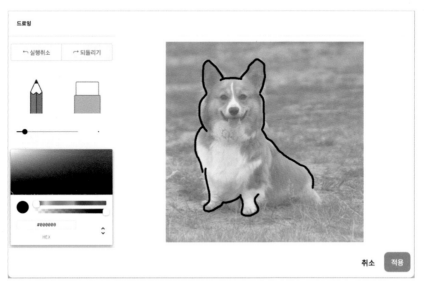

그림 6-12 사진 업로드와 드로잉을 이용한 라인 드로잉

다만 컴퓨터에서 작업을 하는 경우 마우스로 그림을 그리는 작업이 쉽지 않기 때문에 정교한 그림을 그리기 어려울 수 있습니다. 드로잉 기능을 충분히 활용하고 싶다면 펜이 내장된 태블릿PC(아이패드, 갤럭시탭 등)를 이용하여 작업하는 것이 좋습니다. 태블릿PC에서도 크롬 앱을 설치하여 투닝 사이트에 접속하는 방법으로 투닝을 이용할 수 있습니다.

투닝과 함께 쓸 수 있는
그래픽 디자인 플랫폼

미리캔버스와 캔바는 수십만 개의 사진, 이미지, 일러스트 등을 보유하고 있고 이를 무료로 사용할 수 있습니다. 각 플랫폼에서 규정하고 있는 저작권 규정에 어긋나지 않는 한도 내에서 필요한 요소를 투명 배경으로 다운로드하여 투닝 편집툴에 업로드하여 사용하면 다양한 웹툰 스토리에 등장할 수 있는 소품과 배경, 상황 등에 구애받지 않는 나만의 독창적인 콘텐츠를 제작할 수 있습니다.

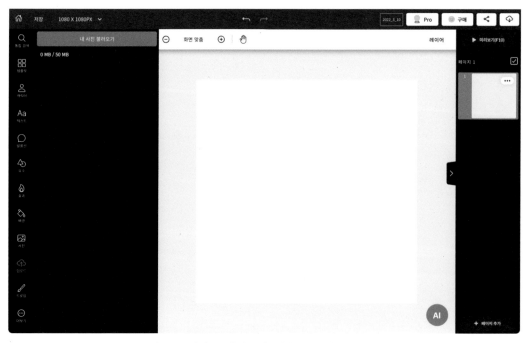

그림 7-1 투닝 업로드에 타 플랫폼에서 작업한 이미지 불러오기

7.1 미리캔버스(miricanvas)

미리캔버스(https://www.miricanvas.com)는 저작권 걱정 없이 업무와 교과, 수업에 필요한 디자인을 무료로 제작할 수 있는 클라우드 기반의 온라인 그래픽 디자인 플랫폼입니다. 미리캔버스를 사용하여 유튜브 썸네일(thumbnail), 프레젠테이션 슬라이드, 행사 개최나 상품 홍보에 필요한 포스터, 현수막, 배너 등 다양한 크기와 형식의 디자인을 만들 수 있습니다. 미리캔버스에서는 미리 완성된 템플릿 안에 글자만 입력하여 전문가 수준의 디자인을 누구나 쉽고 빠르게 제작할 수 있습니다.

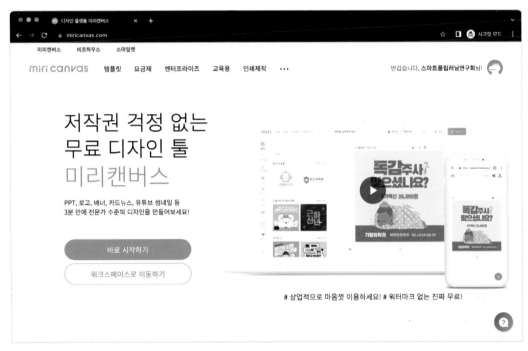

그림 7-2 미리캔버스 웹사이트

7.2 | 캔바(canva)

2013년 호주에서 출시한 캔바는 클라우드 방식의 그래픽 디자인 웹사이트입니다. 캔바는 마우스 클릭만으로 누구나 빠르고 쉽게 자신이 표현하고 싶은 내용을 창의적으로 디자인할 수 있습니다. 사용자는 다양한 템플릿 중에서 마음에 드는 디자인을 선택하여 사진, 일러스트, 텍스트, 이모티콘 등을 삽입하여 전달하고자 하는 메시지나 데이터를 시각화할 수 있습니다. 캔바는 별도의 회원 가입을 하지 않아도 구글이나 페이스북, 애플 계정만 있으면 사이트와 연동하여 바로 사용할 수 있습니다. 캔바는 클라우드 방식이기 때문에 작업한 모든 내용이 자동으로 저장되며 작업한 디자인을 다양한 파일 형식(PNG, JPG, SVG, PDF, GIF, MP4)으로 다운로드 할 수 있습니다. 캔바에서는 작업 대부분을 무료로 할 수 있지만, 템플릿과 요소 사용에 제한이 있으며 유료 이미지나 프리미엄 템플릿을 사용할 때 다운로드 파일에 저작권 정보를 표시하는 디지털 워터마크가 생기게 됩니다. 단, 교사일 경우 교육용 계정을 신청하여 인증이 완료되면 캔바 프로 버전을 무료로 모두 사용할 수 있습니다. 교육용 캔바(https://www.canva.com/ko_kr/education/)는 초 · 중 · 고 교사들에게 무료로 제공되는 서비스이며, 교사 인증 후 수백만 개의 이미지, 글꼴, 그래픽, 동영상, 애니메이션, 템플릿 등의 프리미엄 기능은 물론 학생과 교사들을 초대하고 과제를 공유, 검토, 관리할 수 있는 전용 수업 공간까지 제공됩니다. 아래의 QR 코드를 스캔하면 캔바 교육용 계정 신청 방법을 볼 수 있습니다.

그림 7-3 교육용 캔바 신청 사이트

그림 7-4 교육용 캔바 신청 방법
동영상 QR 코드

실전!
투닝으로 웹툰 만들기

이번 장에서는 투닝 서비스를 활용하여 좋은 웹툰 콘텐츠를 제작하기 위한 사전 준비로서 콘텐츠의 전체적인 스토리 전개 및 캐릭터 분석을 간단히 1페이지로 작성하는 웹툰 기획안에 대하여 설명하고 이 기획안을 바탕으로 제작된 실전 웹툰도 소개합니다. 또한, 2021년도에 스마트 플립러닝 연구회와 투닝이 협업하여 개최한 학교 일상툰 공모전 수상작품 제시를 통해 투닝 플랫폼을 통한 다양한 웹툰 콘텐츠 제작의 무한한 가능성을 보여주고자 합니다.

8.1) 1page 웹툰 기획안 쓰기

웹툰(webtoon)의 사전적인 의미는 웹(web)이라는 온라인 미디어와 만화(cartoon)라는 장르를 결합하여 만들어낸 용어인데, 흔히 웹툰을 시각적 이미지와 대화의 구성으로만 생각하는 경향이 있습니다. 그러나 웹툰은 텍스트가 아닌 그림을 통해 스토리를 시각적으로 커뮤니케이션(소통)할 수 있는 매개체이기 때문에 시각적인 요소를 고려하기 이전에 나의 스토리를 독자에게 어떻게 설득력 있게 전달하는가를 우선으로 생각하고 계획해야 합니다. 즉 투닝 템플릿에서 무작위로 캐릭터를 설정하고 배경과 요소를 넣는 방식으로 웹툰 콘텐츠를 만들기 전에 반드시 작품 제작의 목적, 전체적인 스토리 전개, 소재, 독자층, 캐릭터 분석 등을 설정하는 웹툰 기획안을 다음과 같이 미리 작성하는 것이 필요합니다.

작품 제목	REBORN – 내가 다시 태어난다면 –
작품 장르	일상툰
작품 소재	꿈의 직업
작품 시대	현대
스토리	나는 미국에서 마케팅 분야의 유학을 마치고 한국으로 돌아와 S그룹의 마케팅부 총괄 이사를 맡고 있다. 미국 유학 시절 같은 대학에서 공부한 마크를 만나 외로움을 극복하고 유학을 잘 마칠 수 있었고 마크와 나는 한국으로 돌아와 결혼하고, S그룹에 최연소 임원으로 스카우트 되어 활동하고 있다.
캐릭터	[엉쌤] 주인공, 진취적 성격
	[마크] 조력자, 엉쌤의 남편
기획 의도	가지 않은 길(The Road Not Taken, 로버트 프로스트)을 아쉬워하는 현재 시점의 내가 다시 태어난다면 선택했을 직업에 대한 동경, 희망, 대리만족을 위한 작품
독자	일반 성인
작품 분량	7~10 컷

표 8-1 1page 웹툰 기획안[1] 예시

아래는 위 기획안을 바탕으로 투닝 프로 서비스를 이용하여 제작한 작품입니다.

---

1   1page 웹툰 기획안은 웹툰 무작정 따라하기(최이지 저, 길벗) 책 참고

그림 8-1 Reborn, 내가 다시 태어난다면?

1page 기획안은 제작하고자 하는 웹툰의 내용을 구체적으로 계획을 수립하여 작성하는 문서입니다. 1page 기획안이니만큼 짧고 간결한 문장으로 스토리의 구성과 내용을 확실하고 명쾌하게 표현하는 것이 가장 중요합니다. 작품 제목은 스토리의 핵심 주제를 알 수 있도록 간결하고 명확한

문구로 표현하는 것이 좋습니다. 제목으로 독자의 흥미를 끌 수 있는 매력적인 어구를 넣을 수 있으면 좋지만, 그렇지 않다면 너무 억지 관심을 끄는 말보다는 전달하고자 하는 내용을 요약하여 20자 이내로 제목을 정하는 것이 좋습니다. 작품 장르는 콘텐츠 주제나 내용에 따라 일상툰, 학원물, 시대물, 로맨스, 판타지, 추리물, 액션물, SF 등으로 나뉠 수 있는데 웹툰 제작 초보자라면 일상의 생활을 소재로 한 일상툰부터 시작하면 좋습니다. 작품 소재에는 전체적인 스토리에서 가장 핵심이 되는 주제를 두세 개의 단어로 적으면 됩니다. 작품 시대는 일상툰일 경우는 현재, 시대물이나 판타지일 경우에는 특정 연대를 쓰면 됩니다. 스토리에는 웹툰의 간략한 줄거리를 적으면 되는데 200자 이내로 핵심적인 부분만을 요약하여 서술하면 좋습니다. 캐릭터에는 주인공과 보조 인물 혹은 스토리가 길다면 주인공과 대립하는 인물들도 넣을 수 있습니다. 등장하는 인물들의 이름은 성격과 특징에 맞게 미리 정해서 기획안에 넣으면 좋습니다. 기획 의도는 웹툰 콘텐츠가 최종적으로 전달하고자 하는 목적 또는 목표에 대한 것이기 때문에 가능하면 한 문장으로 압축해서 짧고 간결하게 써야 합니다. 마지막으로 제작된 웹툰을 읽을 대상을 생각해보고 예상 타겟 청중(target audience)을 적고 내용에 따른 전체적인 웹툰 길이를 조정하여 예정 컷 수를 기획안에 넣으면 됩니다.

8.2 투닝 활용 실전 웹툰

2021년 스마트 플립러닝 연구회는 투닝 플랫폼과 협업하여 학교 일상툰 공모전을 실시하였습니다. 이 공모전은 학교생활을 주제로 한 일상툰을 투닝 플랫폼 서비스의 캐릭터와 배경을 활용하여 10~15컷 분량의 작품을 제출하는 것이었는데 응모 부문은 초등부, 중·고등부, 일반부(교사, 교직원, 학부모) 총 3부문으로 나누어졌고 참가자 중 부문별 대상, 우수상 각 1명, 장려상 각 10명으로 모두 36명이 수상하였습니다. 수상한 작품들은 완성도와 창의성 그리고 일상툰의 스토리텔링 기술이 특히 우수하였으며 학교 내에서 일어날 수 있는 다양한 에피소드들을 웹툰 형식으로 잘 표현하였습니다. 다음은 이 중 부문별 대상과 우수상 웹툰입니다.

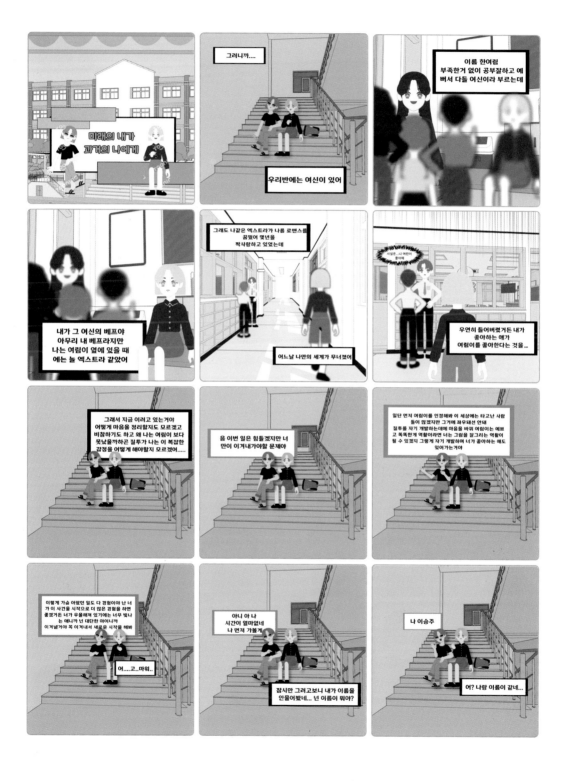

그림 8-2 초등부 최우수상, 성남화랑초등학교 김설아

그림 8-3 초등부 우수상, 서울월곡초등학교 정수인

그림 8-4 중고등부 최우수상, 지도중학교 황지민

그림 8-5 중고등부 우수상, 문산북중학교 이시현

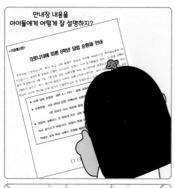

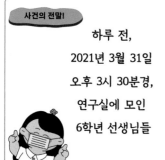

그림 8-6 일반부 최우수상, 왕배초등학교 강미라

그림 8-7 일반부 우수상, 임진초등학교 권나현

스마트 플립러닝 연구회는 2021년도에 교사대상 교육용 웹툰 제작하기 연수를 개설하였고, 연수에 참여한 교사들이 투닝 플랫폼을 활용하여 다양한 웹툰 콘텐츠를 제작하였습니다. 다음은 그 중 콘텐츠의 독창성, 조형성, 창의성 부분과 투닝 활용도 측면에서 가장 우수한 작품입니다.

그림 8-8 내가 다시 태어난다면?. 신곡중학교 김경래

그림 8-9 출근만 하는 여자, 근명중학교 현진아

그림 8-10 엄마는 1학년, 선유중학교 조원성

그림 8-11 투닝으로 교수학습자료 만들기, 고양고등학교 김유식

그림 8-12 연수 빌런의 유형, 일산동고등학교 장승아

8.3 투닝으로 수업 활동하기

투닝을 활용하여 초, 중, 고등학교의 교과 또는 창의적 체험활동 수업 활동을 진행할 수 있습니다. 투닝의 캐릭터 표정, 동작 편집 기능을 이용하여 수업에서 다루는 상황이나 장면을 구체적으로 시각화 할 수 있고 학생들의 경험과 생각을 자유롭게 표현할 수 있습니다. 이번 설에서는 투닝의 캐릭터, AI 기능, 템플릿 등을 활용한 세 가지 수업 사례를 소개하겠습니다.

투닝으로 영어 단어 배우기

투닝의 캐릭터, 텍스트, 말풍선부터 요소, 배경, 효과 등의 기능을 단계별로 활용하면서 영어 단어의 의미를 표현하는 학습 활동을 진행할 수 있습니다. 단어의 의미를 이미지로 시각화, 구체화하는 과정을 통해 자연스럽게 영어 단어를 학습할 수 있습니다. 학습의 과정과 방법은 아래의 영상에서도 확인할 수 있습니다.

그림 8-13 투닝으로 영어 단어 배우기 영상 자료 QR코드

01. 먼저 학습할 영어 단어 또는 문장을 선정합니다. 예를 들어 다음과 같이 감정을 표현하는 단어를 학습할 수 있도록 대화와 단어 목록을 선정하여 학생들에게 제시합니다. 학생들은 제시된 단어를 캐릭터의 표정과 동작, 말풍선, 배경, 요소, 효과 등을 활용하여 한 징의 이미지로 표현해 봅니다.

그림 8-14 투닝으로 표현할 영어 대화와 단어 목록

02. 투닝에 접속, 로그인하고 메인화면에서 [투닝 제작하기]를 클릭하여 편집툴을 엽니다.

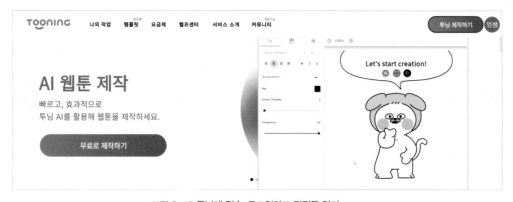

그림 8-15 투닝에 접속, 로그인하고 편집툴 열기

03. 투닝 편집툴에서 내가 사용할 캐릭터를 고릅니다. 편집툴 왼쪽 [캐릭터] 메뉴에서 마음에 드는 캐릭터를 골라 클릭합니다.

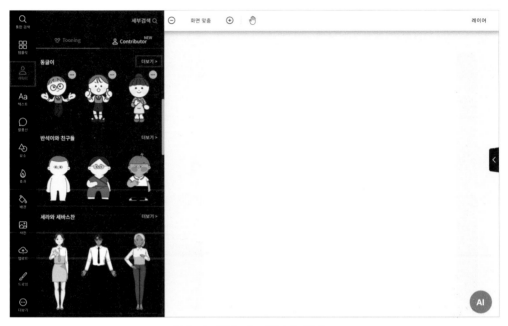

그림 8-16 마음에 드는 캐릭터 추가하기

04. 투닝 편집툴에서 영어 단어를 적을 말풍선을 고릅니다. 편집툴 왼쪽 [말풍선] 메뉴에서 말풍선을 먼저 추가합니다. 이때, 말풍선에도 여러 가지 모양이 있으므로 단어의 의미와 어울리는 말풍선으로 고르는 것이 좋습니다.

그림 8-17 말풍선 추가하기

1단계로 투닝 초급 기능이라고 할 수 있는 캐릭터의 표정 편집 기능을 이용하여 단어의 의미를 표현해 봅니다.

05. 편집툴에 추가한 캐릭터를 클릭하고, 왼쪽 화면에서 단어의 의미에 어울리는 캐릭터의 표정을 선택합니다.

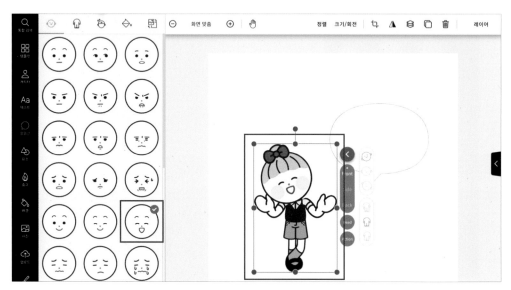

그림 8-18 단어와 어울리는 캐릭터의 표정 선택

06. 편집툴 왼쪽 메뉴에서 [텍스트]를 선택하고 [텍스트 추가]를 누른 뒤, 아트보드의 텍스트 상자를 더블클릭하여 영어 단어를 입력합니다. 입력한 텍스트 상자의 위치를 말풍선의 가운데로 조정합니다.

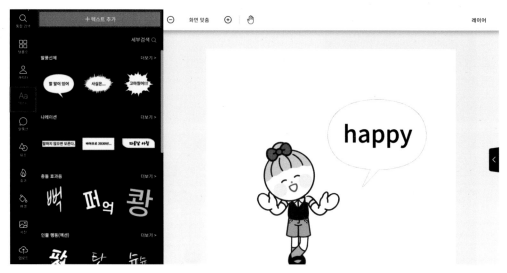

그림 8-19 텍스트를 추가하고 단어 입력

그림 8-20 캐릭터의 표정을 이용하여 표현한 영어 단어

1단계에 추가하여 2단계로 투닝 중급 기능이라고 할 수 있는 캐릭터의 동작 편집 기능도 이용하여 단어의 의미를 표현해 봅니다.

07. 편집툴에 추가한 캐릭터를 클릭하고, 왼쪽 화면에서 단어의 의미에 어울리는 캐릭터의 표정 뿐 아니라 단어의 의미를 표현하는 동작도 선택합니다.

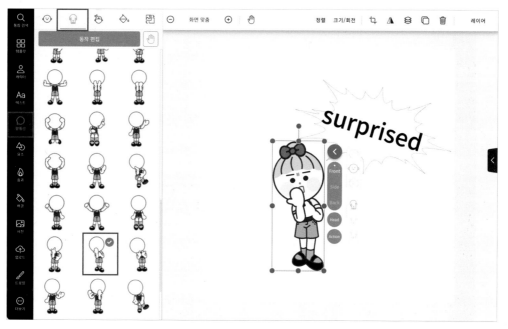

그림 8-21 단어와 어울리는 캐릭터의 동작 선택

08. 동작 목록에서 마음에 드는 동작이 없다면 [동작 편집]을 클릭하여 왼팔, 오른팔, 다리 모양을 각각 선택합니다. 캐릭터를 선택하면 나오는 팝업메뉴에서 캐릭터의 방향(Front, Side, Back)과 고개 방향도 선택할 수 있습니다.

그림 8-22 단어와 어울리는 캐릭터의 세부 동작 선택

그림 8-23 캐릭터의 표정과 동작을 이용하여 표현한 영어 단어

1, 2단계에 이어 3단계로 투닝의 고급 기능이라고 할 수 있는 배경, 요소, 효과 등을 모두 활용하여 영어 단어의 의미를 표현할 수 있는 상황을 만들고, 이를 한 장의 이미지로 만들면서 단어의 의미를 학습합니다. 캐릭터를 추가하고, 추가한 캐릭터를 클릭하여, 왼쪽 화면에서 단어의 의미에 어울리는 캐릭터의 표정 뿐 아니라 단어의 의미를 표현하는 동작도 선택합니다.

09. 편집툴 왼쪽 메뉴에서 [배경]을 클릭하고 단어의 의미를 표현하는 데에 적합한 배경을 검색합니다. 원하는 배경을 클릭하여 아트보드에 추가합니다.

그림 8-24 영어 단어의 의미를 표현하기 위해 필요한 배경 추가하기

10. 편집툴 왼쪽 메뉴에서 [사진]을 클릭하고 단어의 의미를 표현하는 데에 적합한 사진을 검색합니다. 원하는 사진을 클릭하여 아트보드에 추가하고, 사진의 모서리 핸들을 이용하여 크기와 위치를 조절합니다.

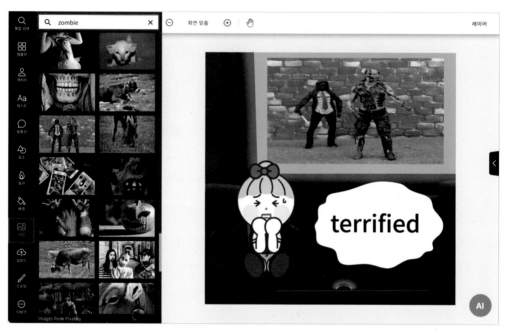

그림 8-25 영어 단어의 의미를 표현하기 위해 필요한 사진 추가하기

그림 8-26 투닝의 캐릭터, 텍스트, 배경, 사진을 이용하여 표현한 영어 단어

이번에는 투닝의 배경, 요소, 효과를 이용하여 영어 단어의 의미를 한 장의 이미지로 표현해 봅니다. 캐릭터, 텍스트, 말풍선을 추가하고 단어의 의미에 어울리도록 같은 방법으로 편집합니다.

11. 편집툴 왼쪽 메뉴에서 [배경]을 클릭하고 단어의 의미를 표현하는 데에 적합한 배경을 검색합니다. 원하는 배경을 클릭하여 아트보드에 추가합니다.

그림 8-27 영어 단어의 의미를 표현하기 위해 배경 추가하기

12. 편집툴 왼쪽 메뉴에서 [요소]를 선택하고 영어 단어의 의미를 표현하는 데에 필요한 소품을 검색합니다. 원하는 요소를 클릭하여 아트보드에 추가하고 드래그하여 위치를 조절하고, 모서리 핸들을 이용하여 크기와 각도를 조절합니다.

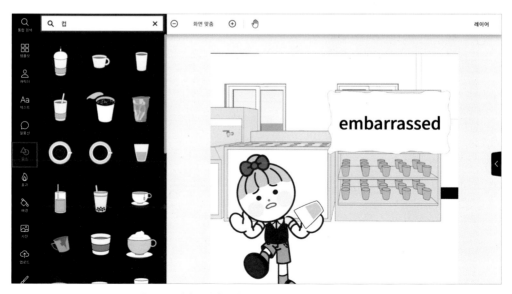

그림 8-28 영어 단어의 의미를 표현하기 위해 요소 추가하기

13. 편집툴 왼쪽 메뉴에서 [효과]를 선택하고 영어 단어의 의미를 표현하는 데에 필요한 효과를 검색합니다. 원하는 효과를 추가하고, 같은 방법으로 크기나 위치, 각도를 조절합니다. 좌우 방향을 바꾸려면 '수평 뒤집기'를 이용합니다.

그림 8-29 영어 단어의 의미를 표현하기 위해 효과 추가하기

14. 마지막으로 보조 캐릭터 등을 추가하여 단어의 의미를 표현하는 상황을 연출하여 완성합니다.

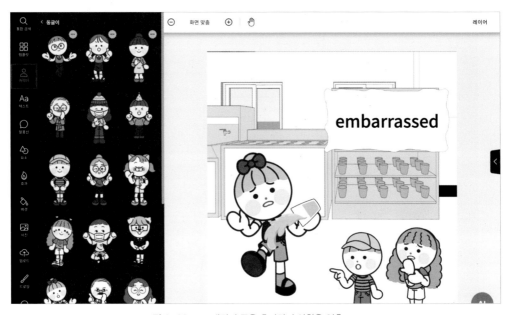

그림 8-30 보조 캐릭터 등을 추가하여 상황을 연출

15. 완성한 작품은 링크 형태로 친구들과 공유하거나 이미지 파일로 다운로드하여 과제 제출 플랫폼(패들렛 등)에 업로드합니다.

그림 8-31 투닝의 캐릭터, 텍스트, 말풍선, 배경, 요소, 효과를 활용하여 표현한 영어 단어

투닝 AI를 활용한 나의 직업 소개툰 만들기

투닝의 AI 얼굴 인식 기능을 이용하여 나의 캐릭터를 만들고, 자신의 미래 진로 희망을 소개하는 짧은 웹툰, 즉 직업 소개툰을 만들며 진로 학습 활동을 진행할 수 있습니다. 학습의 과정과 방법은 아래 영상에서도 확인할 수 있습니다.

그림 8-32 투닝 AI를 활용한 나의 직업 소개툰 만들기 영상 자료 QR코드

01. 먼저 학생들에게 자신의 장래희망 1가지를 정하도록 합니다. 이때 학생들에게 도움이 될 수 있도록 아래와 같이 예시 자료를 제시할 수 있습니다.

초등학생 희망직업 1위	초등학생 희망직업 2위

 운동선수

자료 : 한국직업능력개발원(2020)

 의사

자료 : 한국직업능력개발원(2020)

초등학생 희망직업 3위	초등학생 희망직업 4위

 교사

자료 : 한국직업능력개발원(2020)

 크리에이터

자료 : 한국직업능력개발원(2020)

초등학생 희망직업 5위	초등학생 희망직업 6위

 프로게이머

자료 : 한국직업능력개발원(2020)

 경찰관

자료 : 한국직업능력개발원(2020)

초등학생 희망직업 7위	초등학생 희망직업 8위

 요리사

자료 : 한국직업능력개발원(2020)

 가수

자료 : 한국직업능력개발원(2020)

그림 8-33 투닝으로 표현한 초등학생 희망직업 Best 10

02. 학생들이 정한 자신의 장래희망을 소개하는 내용의 짧은 웹툰을 제작해 봅니다. 먼저 편집툴 왼쪽 캐릭터 메뉴
에서 마음에 드는 캐릭터를 하나 고릅니다. 이때, 자신이 정한 직업을 표현할 수 있는 의상을 입은 캐릭터를 고
르는 것이 좋습니다. 또는 [세부검색]에서 직업 이름을 입력하여 해당 직업의 의상을 입은 캐릭터를 검색하여
찾을 수도 있습니다.

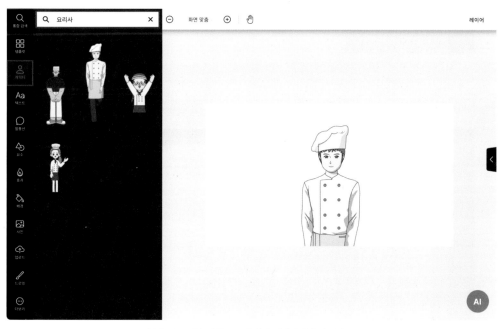

그림 8-34 직업 이름으로 캐릭터 검색하여 추가하기

03. 마음에 드는 캐릭터를 추가하고 크기와 위치를 조절합니다. 아트보드에 추가된 캐릭터를 클릭하고 [얼굴] 탭에 있는 [AI 자동생성]을 클릭합니다. 웹캠으로 자신의 얼굴을 촬영하여 자신의 캐릭터를 생성합니다.

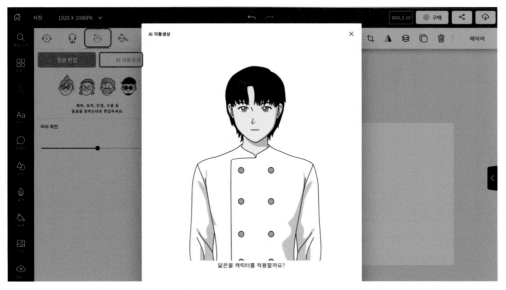

그림 8-35 AI 자동생성으로 내 캐릭터 만들기

04. 캐릭터 편집 메뉴 중 [얼굴 편집]에서 해당 직업에 어울리는 얼굴 용품 또는 헤어 용품 등을 추가합니다.

그림 8-36 얼굴 편집에서 직업에 어울리는 용품 추가

05. 캐릭터의 표정과 동작을 편집하고, 말풍선과 텍스트를 추가하여 자신을 소개하는 첫 번째 페이지를 만듭니다.

그림 8-37 AI 자동생성을 이용하여 자기 소개 페이지 만들기

06. 오른쪽 페이지 목록 아래에 있는 [페이지 추가]를 클릭하여 두 번째 페이지를 생성합니다. 첫 번째 페이지에서 사용한 내 캐릭터를 복사(Ctrl + C)하여 두 번째 페이지에 붙여넣기(Ctrl + V) 합니다.

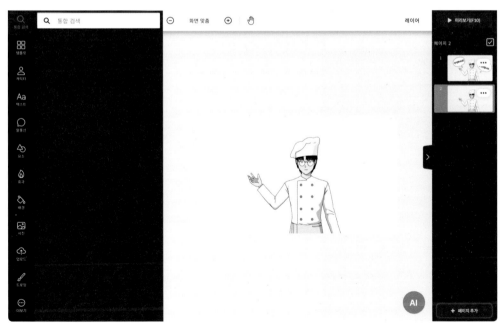

그림 8-38 두 번째 페이지를 생성하고 캐릭터를 복사해 붙여넣기

07. 두 번째 페이지에는 자신의 장래희망에 어울리는 배경과 요소를 추가하고, 말풍선과 텍스트를 이용하여 자신의 흥미 또는 특기를 설명하는 페이지를 만듭니다.

그림 8-39 배경, 요소를 추가하여 자신의 흥미와 적성을 설명하는 페이지 만들기

08. 다시 페이지 목록 아래의 [페이지 추가]를 눌러 세 번째 페이지를 생성하고, 두 번째 페이지에서 사용한 내 캐릭터를 복사(Ctrl + C)하여 세 번째 페이지에 붙여넣기(Ctrl + V) 합니다.

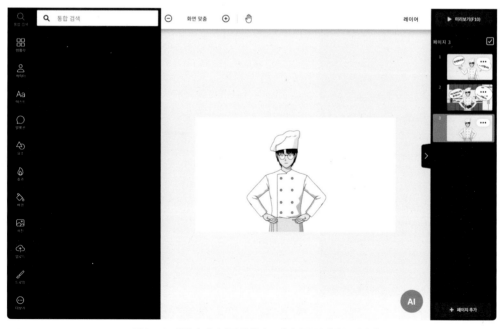

그림 8-40 세 번째 페이지를 생성하고 캐릭터를 복사해 붙여넣기

09. 세 번째 페이지에는 편집툴 왼쪽 메뉴 중 [사진]에서 나의 장래희망과 어울리는 사진을 검색하여 추가합니다. 사진을 배경으로 사용하기 위해 사진을 클릭하여 나타나는 네 모서리를 드래그하여 사진의 크기를 키워 줍니다. 이때 아트보드에 먼저 추가했던 캐릭터 위로 사진이 올라가기 때문에 사진의 크기를 키우면 캐릭터가 가려질 수 있습니다. 그러면 사진을 클릭하고 [순서] 아이콘을 클릭하여 사진을 [맨 뒤로 보내기]합니다. 그리고 사진 위의 캐릭터가 잘 보일 수 있도록 사진을 선택하고 왼쪽 편집 화면에서 투명도를 조절합니다.

그림 8-41 사진을 추가하여 맨 뒤로 보내기 후 투명도 조절하기

10. 말풍선과 텍스트를 이용하여 자신의 장래희망과 이를 위한 자신의 실천 계획 등을 소개하는 페이지를 만듭니다.

그림 8-42 장래희망과 이를 위한 실천 계획을 소개하는 페이지 추가

11. 편집툴 왼쪽 메뉴 중 [드로잉]을 클릭합니다. [드로잉 생성]을 클릭하고 자신의 서명을 추가하여 마무리합니다.

그림 8-43 사진과 드로잉을 추가하여 자신의 미래 직업을 소개하는 페이지 만들기

그림 8-44 사진과 드로잉을 추가하여 만든 자신의 미래 직업 소개 페이지

투닝 템플릿을 활용한 환경보호 카드뉴스 만들기

투닝에서는 다양한 용도의 템플릿을 제공하고 있습니다. 템플릿을 이용하면 텍스트나 캐릭터, 요소 등을 간단하게 편집하여 원하는 콘텐츠를 빠르게 제작할 수 있습니다. 특히 교육별 템플릿으로 교과 내용뿐만 아니라 창의적 체험활동(자율활동, 진로활동, 동아리 활동 등)을 위한 AI교육, 환경 템플릿도 준비되어 있어 이를 활용하여 학생들이 직접 주제별 콘텐츠를 창작하는 학습 활동을 진행할 수 있습니다. 이번 장에서는 투닝의 '환경' 관련 템플릿을 활용하여 환경보호 카드뉴스를 제작하는 학습활동 진행 방법을 소개하겠습니다.

그림 8-45 투닝 템플릿을 활용한 환경보호 카드뉴스 만들기 영상 자료 QR코드

01. 투닝에 로그인하고, 메인 화면에서 [템플릿] 메뉴를 선택합니다. 템플릿 검색창에 '환경'을 입력하여 검색합니다.

그림 8-46 투닝 템플릿에서 '환경' 검색하기

02. 템플릿을 하나씩 클릭하여 살펴보고 자신이 표현하고 싶은 내용이 포함되었거나 자신이 표현하고 싶은 요소들로 구성된 템플릿을 선택하여 [이 템플릿 편집]을 클릭합니다. 이 템플릿을 이용하여 학교에서 실천할 수 있는 환경보호 수칙을 담은 카드뉴스를 만들어 보겠습니다.

그림 8-47 원하는 템플릿을 선택한 후 [이 템플릿 편집] 클릭하기

03. 첫 번째 페이지의 텍스트를 원하는 내용으로 바꾸어 입력합니다. 다만, 텍스트 상자를 클릭했을 때 왼쪽에 [그룹화 해제]가 나타나는 경우 텍스트와 요소가 그룹화 되어 있는 상태이므로, 먼저 [그룹화 해제]를 클릭한 후 텍스트 부분만 더블클릭하여 내용을 입력합니다. 그룹화 해제 후에도 텍스트 상자가 클릭되지 않거나 텍스트가 보이지 않는 경우 화면 우측 상단의 [레이어]를 클릭하여 텍스트 레이어를 찾아 잠금 해제를 한 후 레이어의 맨 위쪽으로 위치를 조정해 줍니다.

그림 8-48 템플릿에서 텍스트 편집을 위해 [그룹화 해제] 클릭하기

그림 8-49 텍스트 레이어 잠금 해제하고 레이어 맨 위로 올리기

04. 첫 번째 페이지에 제목 텍스트를 입력하고, 왼쪽 메뉴에서 폰트, 색상 등을 편집합니다.

그림 8-50 기존의 템플릿(좌)에서 제목만 바꾸어 입력한 상태(우)

05. 두 번째 페이지에 설정된 캐릭터, 요소, 배경과 어울리는 환경보호 메시지를 텍스트 상자에 입력합니다.

그림 8-51 기존의 템플릿(좌)에서 환경 보호 메시지만 바꾸어 입력한 상태(우)

06. 템플릿에서 사용된 세 번째 페이지는 사용하지 않기 위해 오른쪽 페이지 목록에서 세 번째 페이지 위쪽 더보기 (…)를 클릭하고 [삭제]합니다.

그림 8-52 템플릿에서 사용하지 않을 페이지 삭제하기

07. 세 번째 페이지에서는 필요하지 않은 요소를 클릭하여 오른쪽 위 휴지통을 클릭하여 삭제합니다. 그리고 편집 툴 왼쪽 메뉴에서 [요소]를 선택하고 원하는 요소를 검색한 뒤 클릭하여 아트보드에 추가합니다. 추가한 요소를 클릭하여 크기, 위치, 각도, 색상 등을 편집합니다.

그림 8-53 원하는 요소를 검색한 뒤 추가하기

08. 세 번째 페이지에 새롭게 추가한 요소와 관련된 내용으로 텍스트 상자를 수정합니다.

그림 8-54 템플릿에서 요소 교체하고 텍스트 수정하기

09. 오른쪽 페이지 목록 아래의 '페이지 추가'를 눌러 세 번째 페이지 뒤에 네 번째 빈 페이지를 생성합니다. 네 번째 페이지에는 캐릭터, 배경, 요소 등을 직접 추가하여 새로운 내용으로 만듭니다. 다만, 각 페이지에 공통으로 사용된 제목 부분은 그대로 사용하기 위해, 세 번째 페이지에서 카드뉴스 말풍선 레이어와 제목 텍스트 레이어를 모두 복사하여 네 번째 페이지로 붙여넣기 합니다. (두 개 이상의 레이어를 한꺼번에 선택하려면 하나의 레이어를 클릭한 후 키보드에서 Shift 키를 누른 채로 또 다른 레이어를 클릭합니다.)

그림 8-55 새 페이지 추가 후 제목 부분 복사하기

10. 네 번째 페이지에 붙여넣기 한 제목 텍스트 상자를 더블 클릭하여 새로운 내용으로 바꾸어 입력합니다. 그리고 이 페이지에 작성할 내용에 어울리는 배경, 캐릭터, 요소 등을 각각 추가하고 편집합니다. 환경보호 메시지를 입력할 말풍선과 텍스트도 추가하고 입력합니다.

그림 8-56 빈 페이지에 배경, 캐릭터, 요소, 말풍선, 텍스트를 직접 추가하여 만들기

11. 마지막 다섯 번째 페이지의 제목 부분도 클릭하여 왼쪽에서 [그룹화 해제]한 후 텍스트를 바꾸어 입력합니다. 텍스트 뒤의 도형 부분도 텍스트 길이에 맞게 크기를 조절해 줍니다. 텍스트에 가려져 도형 부분을 선택하기 어려울 때는 [레이어]에서 도형 레이어를 클릭하여 선택합니다.

그림 8-57 레이어에서 도형을 선택하여 텍스트에 맞춰 길이 조절하기

12. 다섯 번째 페이지의 가운데에 있는 캐릭터와 요소는 클릭하여 삭제하고, 네 번째 페이지에 새롭게 추가한 캐릭터와 요소를 복사한 다음 붙여넣기하여 완성합니다.

그림 8-58 가운데 캐릭터와 요소 교체하여 완성하기

13. 완성한 카드뉴스는 다운로드하여 다른 플랫폼에 업로드하거나 화면 우측의 [공유] 아이콘을 누르고 카드뉴스 형태인 '가로 스크롤'로 보기 설정한 후 아래쪽 [공유 링크 복사]를 클릭하여 다른 사람들과 공유합니다.

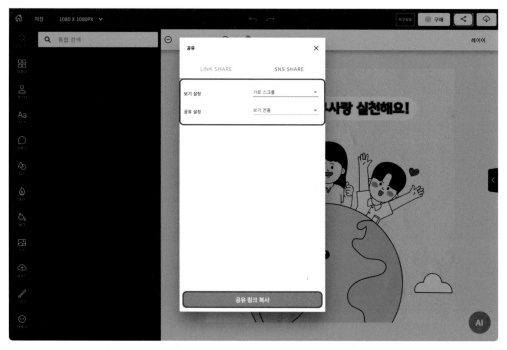

그림 8-59 링크로 카드뉴스 공유하기

8.4 투닝X미리캔버스로 나만의 굿즈 만들기

투닝은 웹툰 창작에 특화된 툴이어서 나만의 캐릭터를 만들기에 적합합니다. 투닝에서 나만의 캐릭터를 만들고, 이를 미리캔버스에서 디자인하여 나만의 캐릭터가 담긴 엽서카드, 메모지, 스티커, 머그컵, 키홀더 등의 굿즈를 직접 제작할 수 있습니다(단, 투닝의 콘텐츠를 이용하여 제작한 작품을 상업용으로 판매하는 경우 반드시 투닝(support@tooning.io)에 저작권에 대한 문의를 해야 합니다.).

01. 먼저 투닝에서 나만의 캐릭터를 만듭니다. 편집툴 왼쪽 메뉴에서 캐릭터를 클릭하고, 마음에 드는 캐릭터를 선택합니다. 아트보드에 추가한 캐릭터를 클릭하여 표정, 동작, 얼굴 등을 편집합니다. 또는 [AI 자동생성] 기능을 이용하여 나만의 캐릭터를 만듭니다.

그림 8-60 나만의 캐릭터 추가하기

02. 투닝의 저작권 정책상 아트보드 1페이지에 1개의 캐릭터 또는 요소만 단독으로 다운로드하여 사용하는 것은 저작권 위반이므로, 캐릭터에 텍스트나 요소, 또는 효과 등을 추가합니다.

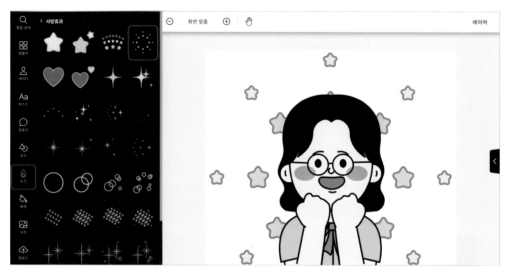

그림 8-61 내 캐릭터에 샤방효과 추가하기

03. 완성한 페이지를 다운로드합니다. 이때 아트보드의 흰 배경 없이 캐릭터와 효과만 다운로드하려면 PNG 형식을 선택하고 '투명 배경'을 선택해야 합니다.

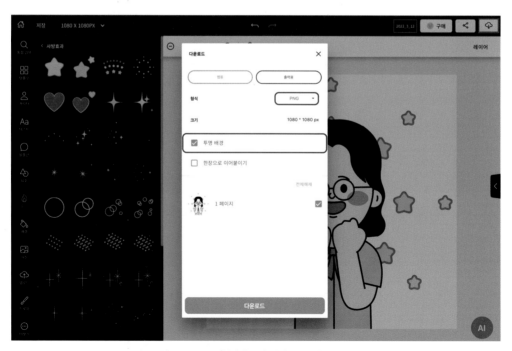

그림 8-62 PNG 형식의 투명 배경으로 다운로드하기

04. 비즈하우스(https://www.bizhows.com/)에 접속합니다. 화면 우측 [간편회원가입]을 클릭하고 [구글로 시작하기]를 선택하여 구글 계정으로 가입합니다. 이때, 미리캔버스에 가입한 구글 계정과 같은 계정으로 가입하는 것이 좋습니다. 비즈하우스는 미리캔버스를 운영하는 (주)미리디의 인쇄, 출력 서비스 업체로, 비즈하우스에서 제작하는 상품의 디자인을 미리캔버스로 직접 할 수 있습니다.

그림 8–63 비즈하우스 간편회원가입 – 구글로 시작하기

05. 비즈하우스에서 제작할 상품을 살펴봅니다. 상품을 주문하고 제작하는 과정은 동일하므로 이번 장에서는 나만의 스티커를 제작해 보겠습니다. [상품제작 전체보기]에서 [스티커], 그 중에서도 [셀프 모양 스티커]를 선택합니다. 셀프 모양 스티커는 내가 추가한 이미지의 모양 그대로 스티커 칼선이 생겨 여러 가지 모양의 스티커로 직접 제작할 수 있습니다.

그림 8–64 [상품제작 전체보기]에서 [셀프 모양 스티커] 선택하기

06. 셀프 모양 스티커 상품의 상세 안내를 확인하고 상품의 사이즈, 용지, 코팅, 수량 등을 입력하고 금액을 확인합니다. 확인 후에는 [다음 단계]를 클릭합니다.

그림 8-65 셀프 모양 스티커 상품 페이지

07. 디자인 방법 선택하기에서 [셀프 디자인하기]를 선택합니다. 셀프 디자인하기를 선택하면 디자인 웹 사이트 미리캔버스(https://www.miricanvas.com/)로 연동됩니다.

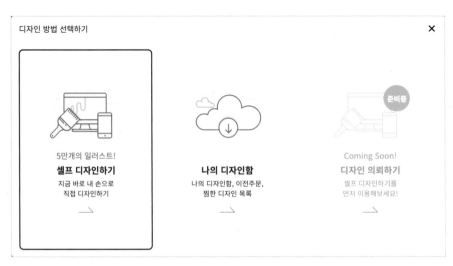

그림 8-66 디자인 방법 선택하기에서 [셀프 디자인하기] 선택

08. 연동된 미리캔버스에서 스티커 디자인 작업을 시작합니다. 먼저 팝업으로 표시되는 상품 디자인 작업 시 주의 사항을 확인하고 [다음]을 클릭합니다.

그림 8-67 스티커 디자인 작업 시 주의사항

09. 투닝에서 다운로드 한 나의 캐릭터를 미리캔버스에 업로드합니다. 다운로드한 투닝 파일을 클릭한 채로 드래그 하여 미리캔버스 위에 놓으면 업로드가 진행됩니다.

그림 8-68 미리캔버스에 투닝 캐릭터 업로드하기

10. 이때 나타나는 핑크색 실선이 스티커가 잘라지게 되는 칼선입니다. 이 경우 캐릭터 뒤의 효과에도 개별 칼선이 적용되므로, 이러한 현상을 막기 위해 미리캔버스 왼쪽 메뉴에서 [요소]를 선택하고 원 또는 사각형의 도형을 추가한 뒤 그 위에 투닝에서 가져온 내 캐릭터를 올리도록 합니다. 이때 도형을 클릭하고 왼쪽 순시에시 도형이 내 캐릭터의 '뒤로' 가도록 조절합니다.

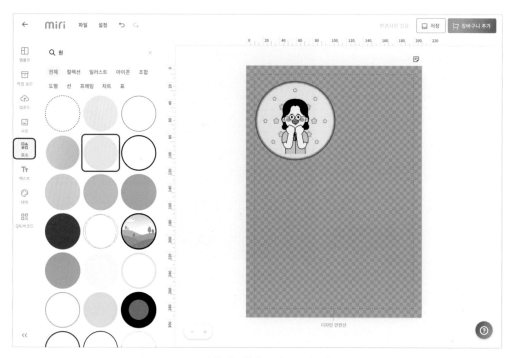

그림 8-69 도형을 추가한 후 투닝 캐릭터를 올린 상태

11. 같은 방식으로 한 장의 이미지에 여러 개의 스티커를 만들어 줍니다. 미리캔버스의 도형, 텍스트, 요소 등을 활용하여 다양하게 만들 수 있습니다. 스티커의 크기를 작게 만들면 한 장에 최대 40개까지 스티커를 배치할 수 있습니다.

그림 8-70 투닝의 캐릭터와 미리캔버스의 도형, 텍스트 등을 활용하여 스티커 만들기

12. 스티커 제작이 끝나면 화면 오른쪽 위에 있는 [저장] 을 클릭합니다. 디자인을 수정하거나 재제작하려면 반드시 저장해야 합니다. 저장한 디자인은 비즈하우스의 나의 디자인에서 확인할 수 있습니다.

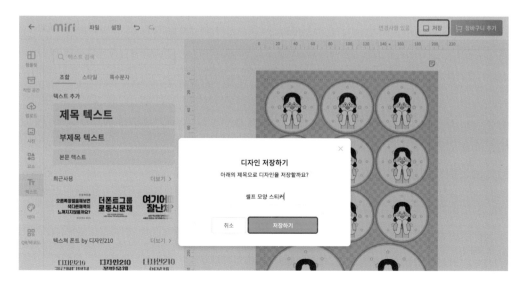

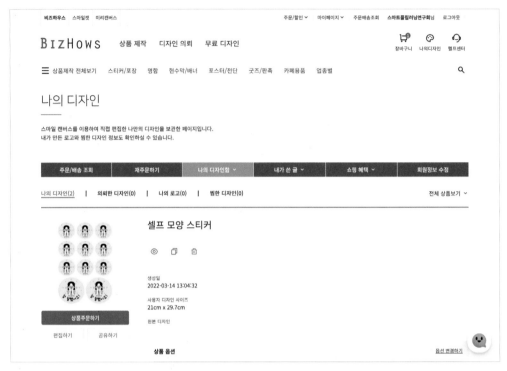

그림 8-71 스티커 디자인 저장하기(왼쪽 아래), 비즈하우스에서 저장한 디자인 확인하기(위)

13. 스티커를 주문하려면 디자인 페이지에서 오른쪽 위에 있는 [장바구니 추가]를 클릭합니다. 그 다음, 최종 확인 창에서 생성된 칼선 수, 이미지의 해상도 상태, 오탈자 등을 확인합니다. 확인이 완료되면 장바구니에 추가하기 버튼을 클릭합니다.

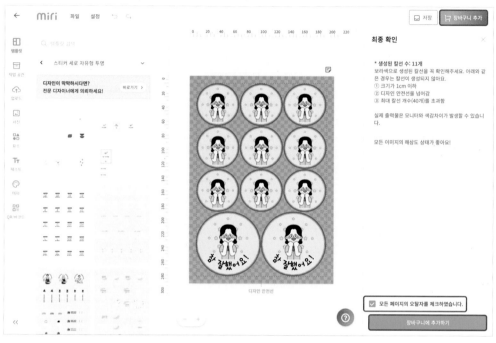

그림 8-72 디자인 최종 확인 창

14. 장바구니로 이동한 다음, 주문할 상품과 배송 일정, 가격 등을 확인합니다. 상품을 주문하려면, 주문하기 버튼을 클릭하고 주문자 정보, 배송지 정보, 결제 수단 등을 입력하여 결제합니다.

그림 8-73 셀프 모양 스티커 주문하기

투닝 자주 묻는 질문 (FAQ)

01. 투닝에서 웹툰을 제작하려면 그림 실력이 어느 정도 있어야 하나요?

투닝 플랫폼은 스토리만 있다면 누구나 캐릭터, 요소 및 배경을 클릭하는 것만으로 그림 실력이 전혀 없어도 완성형 웹툰을 제작할 수 있는 서비스를 제공하고 있습니다. 물론 투닝 편집툴 안에 드로잉 기능이 있어 직접 웹툰 캐릭터나 배경, 소품 등을 그릴 수는 있지만, 투닝에서 제공하는 기본 캐릭터와 콘텐츠 요소, 미리 제작된 템플릿을 활용만 해도 충분히 멋진 웹툰을 누구나 쉽고 빠르게 제작할 수 있습니다.

02. 투닝은 모바일 앱이 있나요?

네, 투닝은 모바일용 애플리케이션을 제공하고 있습니다. 안드로이드 기기에서 구글 플레이 스토어(Google Play Store)에 접속하여, 투닝(tooning)을 검색하고 설치할 수 있습니다(2022년 4월 현재 애플 앱스토어에서는 미지원). 또는 투닝 앱 설치를 하지 않고 스마트폰에서 크롬 웹브라우저를 통해 접속하여 사용할 수도 있습니다. 한두 페이지 정도의 단순한 콘텐츠 제작의 경우 투닝 앱을 통해 작업할 수 있지만, 여러 캐릭터가 등장하고 대사가 많은 웹툰 콘텐츠 제작은 스마트폰에서는 작업 환경이 다소 불편하고 시간이 오래 걸릴 수 있으므로 PC 환경에서 크롬 브라우저를 통해 접속하여 사용하는 것을 권장합니다.

그림 부록-1 구글 플레이 스토어에 있는 모바일용 투닝 앱

03. 투닝에서 작업한 내용은 자동으로 저장되나요?

네, 투닝은 클라우드를 기반으로 한 플랫폼 서비스이기 때문에 따로 작업한 파일을 다운받아 저장할 필요가 없습니다. 투닝에서 제작한 결과물은 자동 저장되지만, 필요에 따라 작업페이지 편집툴 상단 왼쪽 [저장]을 클릭해도 됩니다.

그림 부록-2 투닝 작업 저장 버튼

04. 투닝 작업 템플릿 페이지에 외국어 텍스트를 입력할 수 있나요?

투닝 편집툴에서 영어를 비롯하여 프랑스어, 일본어 등 외국어를 입력하려면 우선 페이지 상단 오른쪽에 내 계정을 클릭하고 언어 설정을 눌러 입력하고자 하는 외국어를 선택합니다.

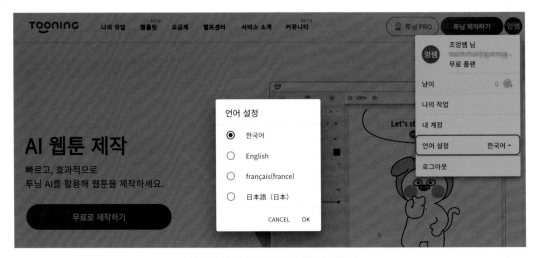

그림 부록-3 내 계정에서 입력 언어 설정하기

작업 페이지에서 입력한 텍스트를 마우스로 클릭하면 페이지 왼쪽에 텍스트 설정 메뉴가 열립니다. 텍스트 설정 창에 있는 폰트 목록에서 언어별로 이용 가능한 폰트가 분류되어 있으니 선택하여 사용하면 됩니다. 현재(2022년 2월 25일 기준) 투닝은 한글 폰트 122종, 영문 폰트 96종, 프랑스어 9종, 일본어 폰트 42종을 제공하고 있습니다.

그림 부록-4 투닝에서 사용 가능한 일본어 폰트 종류

05. 텍스트 글자 사이의 간격은 어디서 조절하나요?

템플릿 페이지에 있는 텍스트를 클릭한 후 페이지 왼쪽 텍스트 설정 메뉴에서 글자 조정을 누릅니다. 여기에서 텍스트의 자간(글자 사이의 간격)과 행간(줄 높이, 인접한 텍스트 줄 사이의 간격)을 조절할 수 있습니다.

그림 부록-5 글자 자간 및 행간 조절

06. 투닝에서 세로로 텍스트를 작성할 수 있나요?

투닝에는 텍스트를 수직으로 추가하는 세로 텍스트 입력 도구(Vertical Type Tool)는 없습니다.
다만, 텍스트 추가를 클릭한 후에 텍스트 상자를 좁혀서 한 글자씩 입력하면 텍스트를 수직으로
작성할 수 있습니다.

그림 부록-6 세로로 텍스트 입력

07. 투닝에서 내 PC에 저장된 사진이나 이미지를 불러와서 사용할 수 있나요?

투닝 왼쪽 편집툴 메뉴에 있는 [업로드]-[내 사진 불러오기]를 클릭하여 내 PC에 저장된 사진과 이미지를 불러와서 작업 페이지에 삽입할 수 있습니다. 불러올 수 있는 이미지 파일 형식은 JPG, PNG, SVG이며 무료 버전에서는 50MB까지, 유료 버전인 프로(Pro) 서비스에서는 최대 1GB까지 업로드할 수 있습니다. 다만, 업로드한 이미지 또는 사진 파일의 저작권 관련 책임은 사용자에게 있으니, 반드시 파일의 저작권을 확인하고 디자인을 제작하시기 바랍니다.

그림 부록-7 PC에서 내 사진 불러오기

08. 투닝에서 제작한 콘텐츠를 배경 없이 다운로드 할 수 있나요?

네, 제작한 콘텐츠 페이지를 PNG 파일 형식으로 다운로드 할 때 [투명 배경(png)] 선택 옵션이 있습니다. 다만 이 기능은 투닝 프로(Pro) 버전에서만 사용이 가능합니다. [다운로드 아이콘]-[PNG 파일 형식]-[투명 배경(png)]을 선택하고 다운로드 하면 작업 페이지에 있는 캐릭터 또는 요소가 배경 없이 다운로드 됩니다. 투명한 배경으로 다운로드를 하려면 작업한 페이지가 단색, 사진 및 패턴 배경이 적용되지 않은 하얀색 기본 배경 상태여야 합니다. 배경이나 색상이 적용된 상태에서는 투명 배경 옵션을 선택해도 투명한 배경으로 다운로드 되지 않습니다.

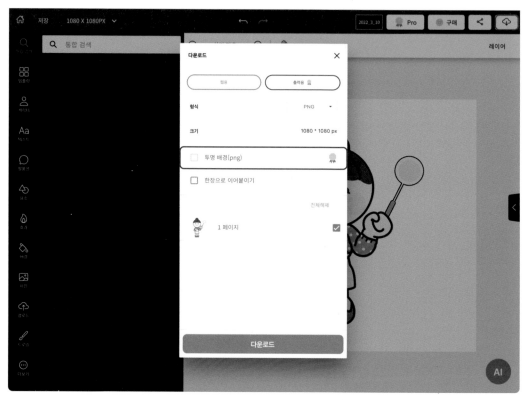

그림 부록-8 투명 배경으로 작업 페이지 다운로드 하기

09. 작업 페이지 내의 캐릭터와 요소를 다른 페이지로 복사할 수 있나요?

네, 복사하고자 하는 캐릭터와 요소를 마우스로 전체 드래그(drag)를 하면 복사하고자 하는 부분이 파란색 실선으로 표시됩니다. 작업 페이지 상단 오른쪽에 있는 복사 아이콘을 누르면 같은 작업 페이지 내에서 동일하게 복사됩니다. 또는 키보드의 Ctrl+C를 눌러 복사한 후, 동일한 작업 페이지 또는 페이지를 추가하여 다른 작업 페이지에서 키보드의 Ctrl+V를 눌러 복사한 요소들을 붙여넣을 수도 있습니다.

그림 부록-9 복사 아이콘을 사용하여 캐릭터 및 요소 복사

10. 투닝 템플릿 작업 페이지 사이즈를 변경할 수 있나요?

네, 작업 페이지 편집툴 왼쪽 상단에 있는 1080×1080PX 옆 아래 방향 화살표(▾)를 클릭하면 다양한 크기의 템플릿으로 변경할 수 있습니다. 또는 [사용자 지정]에서 직접 원하는 크기를 입력한 후에 [크기 적용]을 누르면 됩니다.

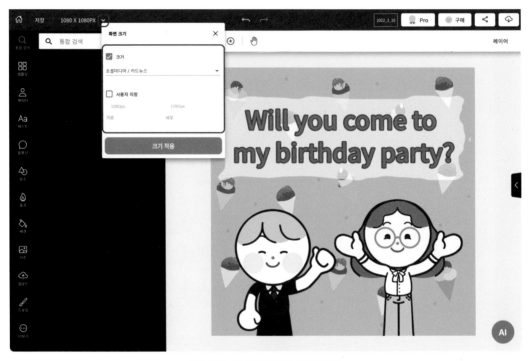

그림 부록-10 템플릿 사이즈 변경 방법

11. 한 페이지에 사용된 캐릭터, 요소, 말풍선, 텍스트 등을 한꺼번에 편집하고자 합니다. 어떻게 하면 될까요?

네, 그룹화 기능을 사용하면 됩니다. 작업 페이지에 있는 캐릭터에 추가된 여러 개의 콘텐츠 요소를 마우스로 크게 드래그(drag)하거나 키보드에서 Shift를 클릭한 채로 마우스로 콘텐츠 요소를 동시에 여러 개 선택하면, 왼쪽 세부 설정 화면에 [그룹화] 버튼이 나타납니다. 이 버튼을 클릭하면 여러 개의 콘텐츠가 마치 하나의 콘텐츠처럼 그룹화(묶이게)되어 하나의 요소처럼 이동을 하거나 편집을 할 수 있는 등 사용하기에 편리해집니다. 그룹화를 완료하면 묶음 내의 요소 각각은 편집할 수 없게 되기 때문에, 편집 레이어에도 [그룹화된 툰요소]라고 표시됩니다. 이 [그룹화된 툰요소]를 개별적 요소로 다시 분리하여 사용이 필요한 경우 그룹화한 요소를 클릭하여 [그룹화 해제]를 하면 됩니다.

그림 부록-11 콘텐츠 개별 요소 그룹화 하기

그림 부록-12 그룹화된 콘텐츠 해제하기

12. 캐릭터가 물건이나 기타 사물들을 손으로 쥐고 있는 것을 자연스럽게 표현하고 싶습니다. 어떻게 하면 될까요?

네, 손 추가 기능을 사용하면 됩니다. 캐릭터를 클릭한 후 동작 편집 아이콘 옆에 있는 손 모양 아이콘을 클릭하면 왼쪽이나 오른쪽의 손을 선택할 수 있고 OK를 누르면 해당 손이 작업 페이지 내에 요소로 추가 됩니다. 추가된 손을 물건이나 사물이 놓인 손 위에 올려 놓으면 캐릭터가 자연스럽게 물건을 쥐고 있는 모양이 연출됩니다.

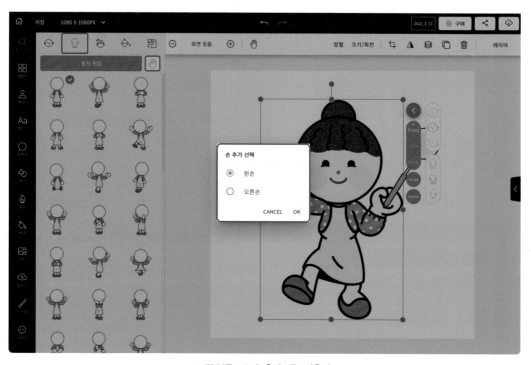

그림 부록-13 손 추가 기능 사용법

13. 투닝에 가입할 때에도 현재 초·중·고 교사라는 것을 입증할 수 있는 교육용 이메일로 가입해야 하나요?

네, 교육용 투닝 신청을 위해 공직자통합메일(~@korea.kr)이나 교육용 구글 워크스페이스, 웨일 스페이스 계정 등으로 가입합니다. 가입 후, 투닝 메인화면에서 [서비스 소개] – [교육용]을 선택하고 교육용 프로 신청서를 제출해 주세요.

14. 초·중·고 학생들도 교사처럼 교육용 투닝 프로(Pro)를 신청하고 무료로 사용할 수 있나요?

학생들은 교육용 투닝 프로를 신청할 수 없습니다. 투닝 프로 교육용 신청은 현직 초·중·고 교사만 가능합니다. 학생의 경우 프로 버전은 유료로 구입하여 이용해야 하며 무료 버전의 투닝 서비스를 가입하여 사용할 수는 있지만, 작업 페이지 개수나 워터마크, 파일 용량 등의 제약이 따릅니다.

15. 투닝에 교육용 프로 버전 업그레이드를 일주일 전에 신청했습니다. 그런데 다시 로그인해도 투닝 프로 버전으로 변경이 되어 있지 않습니다. 왜 그럴까요?

투닝 플랫폼에 로그인할 때 가입 계정이 아닌 투닝 프로(Pro) 서비스 신청 교육용 인증 이메일로 로그인했는지 한 번 확인해 보시기 바랍니다. 만약 가입 로그인 계정과 교육용 인증 신청 이메일이 일치한다면 투닝 본사에 문의(support@tooning.io)하여 확인하시기 바랍니다.

16. 학교 생활 에피소드를 중심으로 10컷 정도의 웹툰을 제작하려고 합니다. 한 페이지 콘텐츠 제작 구성이 끝났고 연결되는 다음 페이지를 추가하려고 합니다. 어떻게 하면 되나요?

작업 페이지 오른쪽 하단에 있는 [+ 페이지 추가]를 클릭하여 페이지를 추가할 수 있습니다.

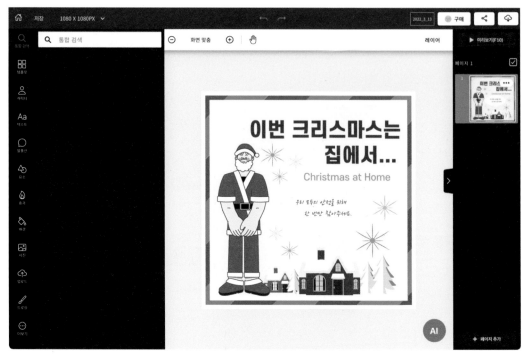

그림 부록-14 작업 페이지 추가하기

17. 투닝 캐릭터의 옷을 다른 것으로 바꿀 수 있나요?

캐릭터의 피부, 눈, 코, 입, 헤어, 상의, 하의, 신발의 색상은 바꿀 수 있지만 아쉽게도 아직은 캐릭터가 입고 있는 옷 자체를 다른 옷으로 바꿀 수는 없습니다. 캐릭터를 클릭하면 캐릭터 편집 툴이 작업 페이지 상단 왼쪽에 열리는데 그 중 네 번째 다이아몬드형 아이콘을 클릭하면 컬러 피커 (Color Picker)를 통해 원하는 피부색, 옷, 신발 등의 색깔은 지정할 수 있습니다.

그림 부록-15 컬러 피커를 통한 캐릭터 색상 변경

18. 말풍선을 편집할 때 꼬리 부분만 당겨서 크기나 길이를 변경할 수 있나요?

꼬리 부분만 변경하는 것은 불가능합니다. 대신 작업 페이지 상단 오른쪽에 있는 뒤집기 아이콘을 클릭하여 말풍선 꼬리의 방향을 변경할 수는 있습니다.

그림 부록-16 뒤집기 아이콘으로 말풍선 방향 변경하기

19. 투닝 작업 페이지 내에서 사용할 수 있는 단축키가 있나요?

편집툴 맨 아래에 있는 [더보기]를 클릭하면 투닝 작업 페이지에서 사용할 수 있는 유용한 단축키를 볼 수 있습니다. 그중에서 키보드의 F10 키를 누르면 지금까지 작업한 내용을 미리 보기 할 수 있습니다

그림 부록-17 F10을 눌러 작업 미리보기

20. 배경을 동그란 모양으로 자를 수 있나요?

네, 가능합니다. 작업 페이지 안에 배경을 넣고 오른쪽 위에 있는 자르기 아이콘을 클릭합니다. 자르기 화면에서 사각형, 원형, 삼각형 중 원하는 형태를 선택하고 파란색 꼭짓점을 조정하여 원하는 크기로 자른 후에 페이지 오른쪽 아래에 있는 적용을 누릅니다.

그림 부록-18 작업 페이지 상단 오른쪽에 있는 자르기 아이콘

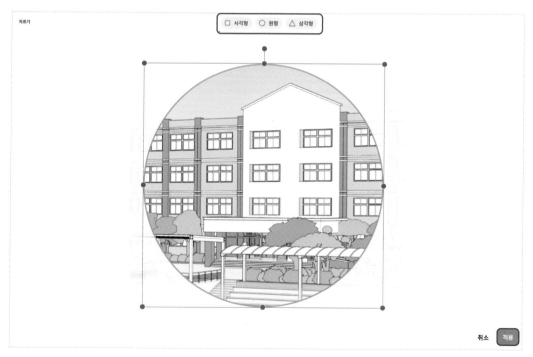

그림 부록-19 자르기 화면에서 원하는 도형 선택

21. 작업 페이지를 똑같이 복제하려면 어떻게 해야 하나요?

작업 페이지 오른쪽 페이지 목록에서 페이지 상단 오른쪽에 있는 더보기(···)를 클릭하여 [복제]를
누르면 됩니다.

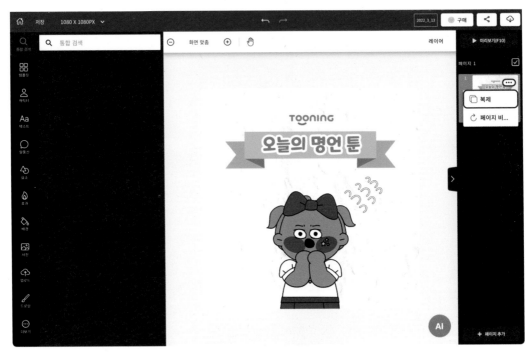

그림 부록-20 페이지 복제하는 방법

22. 작업한 페이지의 순서를 바꿀 수 있나요?

네, 페이지 목록에서 페이지에 마우스를 놓고 위 아래로 드래그(drag)하여 페이지 순서를 바꿀 수
있습니다.

23. 캐릭터가 의자에 앉아있는 모습을 표현하려면 배경에서 어떻게 해야 하나요?

우선 작업페이지에서 캐릭터를 선택하고 요소에서 원하는 의자를 선택합니다. 캐릭터 [동작 편집]에서 캐릭터가 앉아있는 동작을 선택하고 의자 위에 앉힙니다. 이렇게 하면 캐릭터가 의자 뒤에 있는 모습이기 때문에 캐릭터를 클릭하고 마우스의 오른쪽 버튼을 눌러 메뉴에서 [앞으로 보내기]를 선택하여 캐릭터를 의자에 앉힐 수 있습니다.

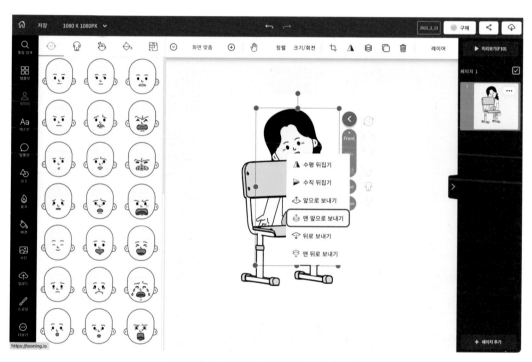

그림 부록-21 캐릭터를 사물의 앞으로 보내는 방법

24. 실수로 작업한 페이지를 삭제했는데 투닝에 요청하면 복구가 가능한가요?

사용자가 직접 제작한 페이지나 업로드한 파일을 삭제했을 경우, 해당 항목은 복구할 수 없습니다. 그래서 사용자가 삭제 버튼을 클릭할 때 다음과 같이 복구할 수 없다는 주의사항 팝업이 항시 제시되오니, 콘텐츠 제작 시 이 점을 유의하시어 작업하시기 바랍니다.

그림 부록-22 작업 페이지 삭제 시 복구 불가능 메시지 팝업

25. 투닝 프로(Pro) 구독 시 사용했던 카드를 삭제하고 다른 카드로 변경하고 싶습니다. 어떻게 하면 될까요?

투닝 플랫폼에 로그인한 뒤 페이지 상단 오른쪽 맨 끝에 있는 내 계정 로고를 누른 후 메뉴에서 [내 계정]을 클릭합니다. [결제 수단] 탭에서 카드 삭제를 선택하면 됩니다. 단, 카드를 삭제할 때 구독 서비스도 함께 취소되므로 카드 삭제 후 변경을 원하시면 꼭 투닝(support@tooning.io)으로 문의하시기 바랍니다.

그림 부록-23 카드 변경 및 삭제

26. 투닝 프로(Pro) 구독은 어떻게 취소하나요?

투닝 플랫폼에 로그인한 뒤 페이지 상단 오른쪽 맨 끝에 있는 내 계정 로고를 누른 후 메뉴에서 [내 계정]을 클릭합니다. [구독 관리] 탭에서 구독 취소 버튼을 누르면 취소할 수 있습니다. 결제 기간이 남은 상태에서 구독 취소를 하게 되더라도 사용 만료일 전까지는 프로(Pro) 이용이 가능하며, 구독이 취소된 시점 바로 다음 달부터 결제가 진행되지 않습니다.

그림 부록-24 투닝 프로 구독 취소

27. 투닝 회원 탈퇴는 어떻게 하나요?

투닝 플랫폼에 로그인한 뒤 페이지 상단 오른쪽 맨 끝에 있는 내 계정 로고를 누른 후 메뉴에서 [내 계정]을 클릭합니다. 내 계정 이메일 주소 바로 옆에 있는 [회원 탈퇴]를 클릭하면 회원 탈퇴를 할 수 있습니다. 단, 회원 탈퇴 시 투닝에서 제작한 모든 콘텐츠는 삭제되며, 삭제된 기록은 복원되지 않으니 이 점 유의하기를 바랍니다.

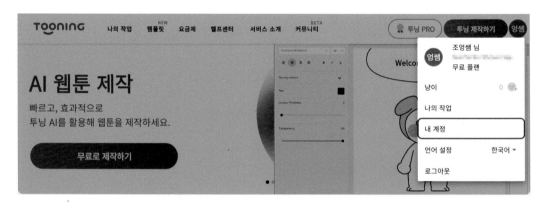

그림 부록-25 투닝 회원 탈퇴 방법

memo